FANTÁSTICO SEXO TÂNTRICO DE BOLSO

Descoberta Erótica e Êxtase Sexual

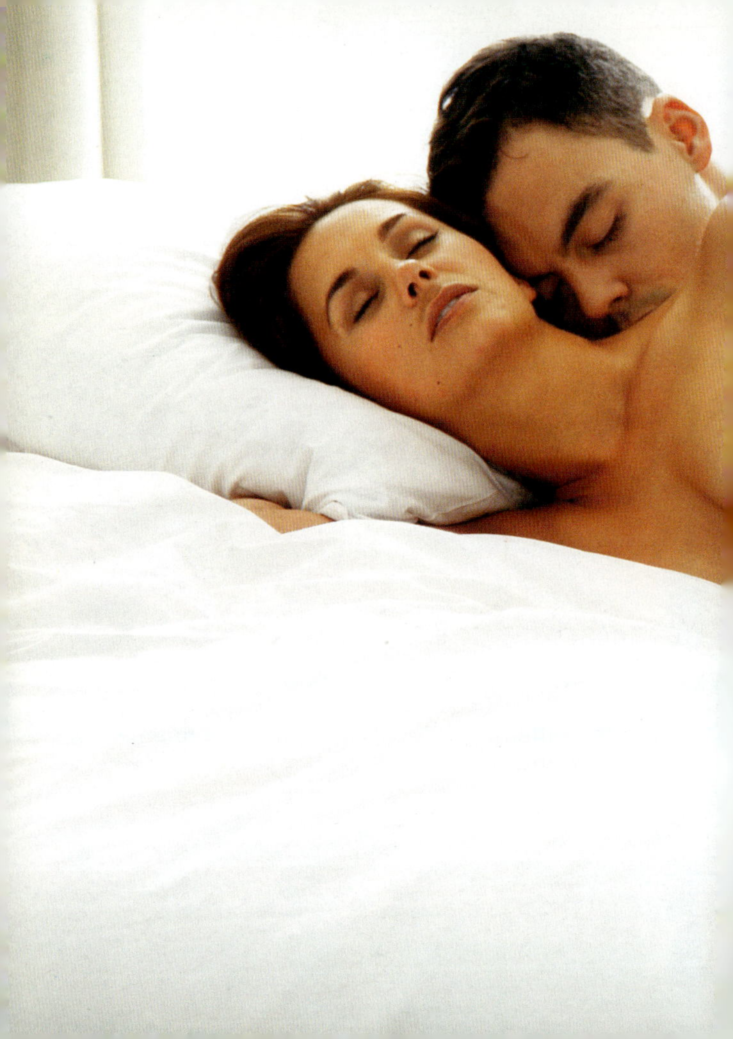

Nicole Bailey

FANTÁSTICO SEXO TÂNTRICO DE BOLSO

Descoberta Erótica e Êxtase Sexual

Tradução:
Renata Brabo

MADRAS®

Publicado originalmente em inglês sob o título *The Pocket Tantric Super Sex*, por Duncan Baird Publishers Ltd.
© 2011, Duncan Baird Publishers.
© 2011, Textos de Kesta Desmant (escrevendo como Nicole Bailey).
© 2011, Fotos de Duncan Baird Publishers.
Direitos de edição e tradução para o Brasil.
Tradução autorizada do inglês.
© 2013, Madras Editora Ltda.

Editor:
Wagner Veneziani Costa

Produção e Capa:
Equipe Técnica Madras

Tradução:
Renata Brabo

Revisão da Tradução:
Marcos Malvezzi Leal

Revisão:
Arlete Genari

Dados Internacionais de Catalogação na Publicação (CIP)
(Câmara Brasileira do Livro, SP, Brasil)

Bailey, Nicole
Fantástico sexo tântricos de bolso/Nicole Bailey;
tradução Renata Brabo. – São Paulo: Madras, 2013.
Título original: Pocket tantric super sex.
Bibliografia
ISBN 978-85-370-0826-3

1. Índia – Costumes sexuais 2. Orientação sexual 3. Tantrismo I. Título.

12-15654   CDD-613.96

Índices para catálogo sistemático:
1. Sexo tântrico: Técnicas: Manuais   613.96

Proibida a reprodução total ou parcial desta obra, de qualquer forma ou por qualquer meio eletrônico, mecânico, inclusive por meio de processos xerográficos, incluindo ainda o uso da internet, sem a permissão expressa da Madras Editora, na pessoa de seu editor (Lei nº 9.610, de 19.2.98).
Todos os direitos desta edição, em língua portuguesa, reservados pela
MADRAS EDITORA LTDA.
Rua Paulo Gonçalves, 88 – Santana
CEP: 02403-020 – São Paulo/SP
Caixa Postal: 12183 – CEP: 02013-970 – SP
Tel.: (11) 2281-5555 – Fax: (11) 2959-3090
www.madras.com.br

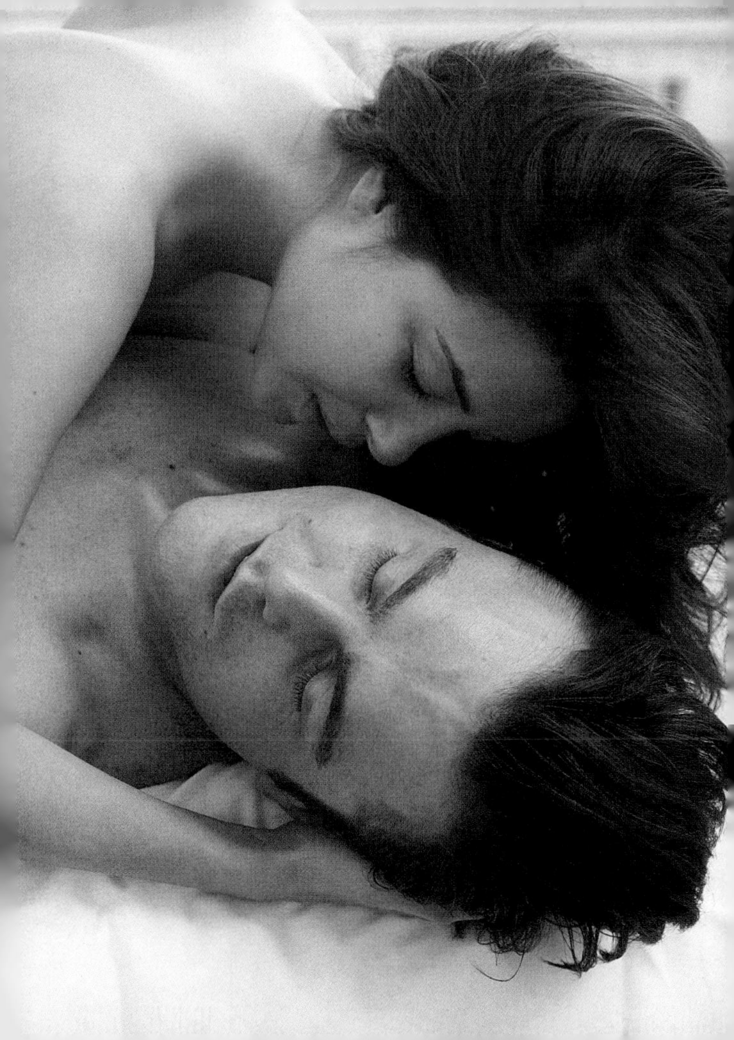

NOTA DO EDITOR INTERNACIONAL

Os editores, o autor e o fotógrafo não se responsabilizam por nenhuma lesão ou danos resultantes do acompanhamento dos conselhos deste livro, ou pelo uso de qualquer técnica descrita aqui. Se você sofre de algum problema de saúde ou condições especiais, é recomendável consultar o seu médico antes de seguir qualquer prática sugerida neste livro. Alguns dos conselhos envolvem o uso de óleo de massagem. Entretanto, não use óleo de massagem se você estiver utilizando camisinha – o óleo danifica o látex. Sexo ao ar livre e em lugares de acesso público é ilegal em muitas jurisdições, e qualquer pessoa que queira praticar sexo ao ar livre ou se despir em público deve se informar sobre possíveis penalidades (que em alguns países são bastante severas) e estar completamente consciente dos riscos. Nem o editor nem o autor serão responsabilizados por qualquer ato ilegal ou consequências não intencionais resultantes de qualquer conselho ou sugestão deste livro.

ÍNDICE

Introdução 10

Capítulo 1
O Caminho Tântrico
Desfrute sensações
sexuais.............................14
União apaixonada...............17
Yantra montado 18
A união 19
Carícias apaixonadas.......20
Honrando o outro 22
"Erotizador" 24
Posição de Kali 27
Os chacras........................28
Montando 31
Dança do ventre..................33
Pernas cruzadas 34
Sentada de costas................35
Despertando os
sentidos.............................36
Posto sagrado 39
Crie um paraíso................40
Entrelaçados.......................42
Posição do elefante 44
Yoni aberta.........................47
O dom................................48
Tigre faminto 50
Posição do cachorrinho 51
Tornozelos acorrentados ...53
Indulgência sexual...........54
Posição da escalada 57

Capítulo 2
O Toque Tântrico
Sirva seu amor.................60
Abraço sentado 62
Posição apertada 65
Abraço sensível 67
Toque da ponta dos
dedos..................................68
O tripé.................................70
Posição penetrante 71
Shiva por cima 72
Tesouras 75
Carícias na *yoni*...............76
União íntima 78
O broche 79
Subida da serpente 80
Carícias no *lingam*..........82
Essência feminina...............85
Posição da estrela................86
O local sagrado................88
Posição da colher................90
O local da Deusa..............92

FANTÁSTICO SEXO TÂNTRICO DE BOLSO

A Deusa gloriosa.................95
Shakti por cima...................96
Toque das três mãos para ele..............................98
Cão agachado.....................100
Shakti agachado 101
Toque das três mãos para ela.............................102

**Capítulo 3
Técnica Tântrica
Respiração consciente 106**
A vereda.............................108
Posição de fusão.................111
Respiração chacra............112
Elo reclinável.....................114
Flor de lótus.......................115
Balanço pélvico.................116
Encaixe da meia.................118
Tornem-se um só... 120

Hiperorgasmo..................122
União com apoio 125
Músculos do amor 126
Aderência da coxa 128
Oceano de prazer...............129
Brincadeira do óleo 130
Incendeiem-se..................132
Posição de lótus 134
Cachorrinho de pé 137
Yab Yum............................139
Servo erótico....................140
Posição serena...................142
Abraço circundado............143
Abandone os sentidos.....144

AGRADECIMENTOS DA AUTORA

Gostaria de agradecer a Grace Cheetman, Manisha Patel, Sailesh Patel e Dawn Bates da Duncan Baird Publishers.

INTRODUÇÃO

A origem exata do Tantra se envolve em um mito que contribuiu para sua reputação exótica. Começou durante uma caminhada espiritual na Índia; e as primeiras escrituras tântricas, datadas por volta do século VIII, eram consideradas uma forma de conversa entre o deus hindu Shiva e sua consorte feminina Shakti.

O sexo tântrico possui excelentes benefícios para você e seu parceiro: a conexão entre os dois deverá florir e se aprofundar; a relação sexual se tornará arrebatadora e alegre; você criará mais intimidade com seu próprio corpo e mais sensibilidade à sublime delicadeza do sexo.

O *Fantástico Sexo Tântrico de Bolso* lhe proporcionará sabores excitantes vindos do Tantra, com vários exercícios e técnicas sensacionais, além de uma infinidade de conselhos e posições sexuais fantásticas.

TERMOS TÂNTRICOS

Chacra: Uma energia no centro do corpo (ver páginas 28 e 29).

Kali: Figura central nas várias formas do Tantra, Kali é a deusa hindu da destruição ou da transformação.

Lingam: É o termo tântrico para o pênis, traduzido como "varinha de luz".

Yoni: É o termo tântrico designado para identificar os órgãos genitais femininos. É traduzido como "lugar sagrado" ou "caverna das maravilhas".

Shiva: É o deus masculino na mitologia tântrica, o qual compartilha uma divina união sexual com a deusa Shakti. O termo Shiva é também bastante usado como "homem".

Shakti: Também conhecida pelo termo "mulher", Shakti é a deusa feminina na mitologia tântrica que compartilha uma união sexual com o deus Shiva.

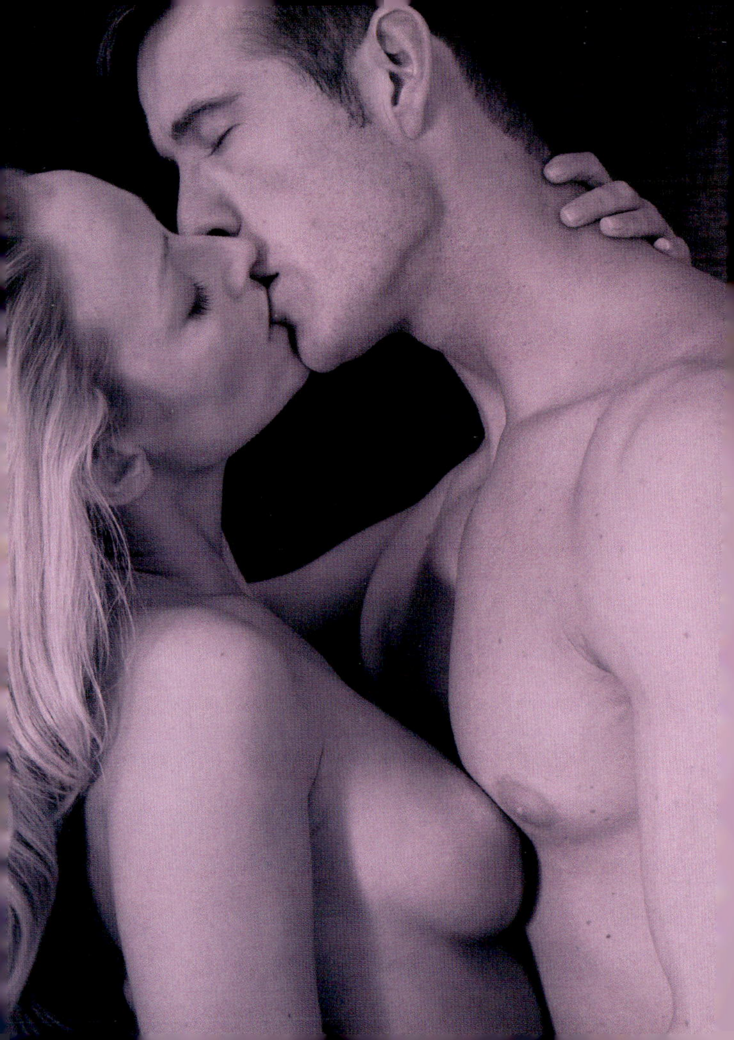

CAPÍTULO 1

O CAMINHO
TÂNTRICO

Desfrute SENSAÇÕES sexuais

Bem, o que diferencia o sexo tântrico do sexo convencional? Tudo começa pela sua atitude ao fazer amor. Em vez de ter um orgasmo por impulso, o Tantra o estimula a ser consciente e meditativo na questão amorosa.

O Tantra irá ensiná-lo a perceber o que são os verdadeiros prazeres físicos durante o sexo. Esses meios não só estimulam sensações como a do pênis introduzido à vagina, mas também as mais sutis, como o calor do encontro de peles; o toque nos seios da mulher; a carícia por meio da respiração do homem. Com esse método, você se empenhará em uma lenta e sensual aproximação sexual, na qual não existe pressa para chegar a lugar algum ou alcançar coisa alguma. Simplesmente, você se rende ao momento, desfrutando cada segundo do ato sexual.

Os benefícios tendem a ser perspicazes quando se aperfeiçoa a sensibilidade aos prazeres do corpo, pois você pode sentir, sem esforços, até os menores e mais sutis toques. Enquanto antes você precisava friccionar seu órgão genital rápida e arduamente para obter excitação, agora o mero roçar de lábios do seu amor na ponta dos dedos o fará tremer de prazer, e algo simples como uma pena percorrendo-lhe todo o corpo poderá levar você a um novo reino de êxtase. O prazer que você obtinha antes somente por meio do órgão genital será sentido agora pelo corpo inteiro.

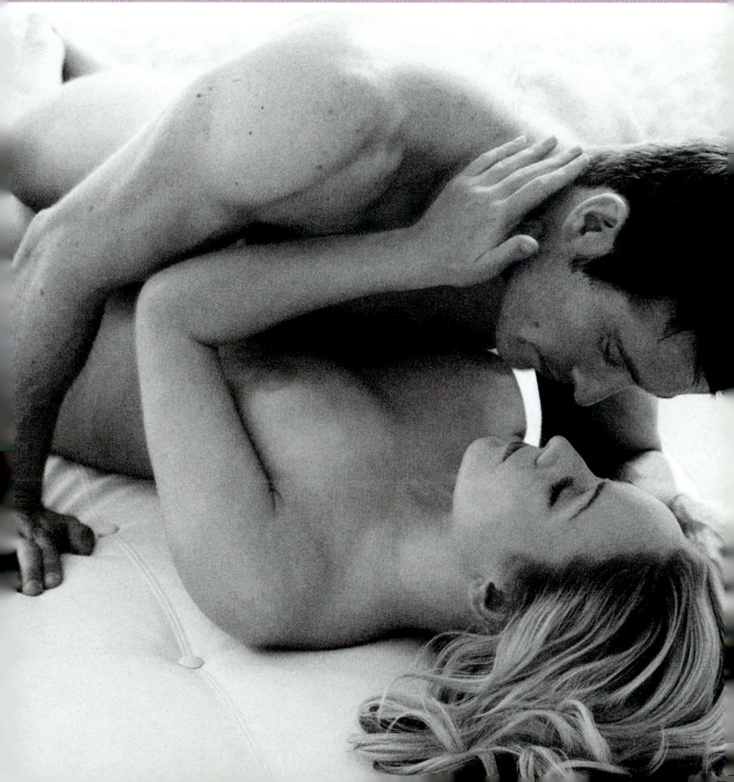

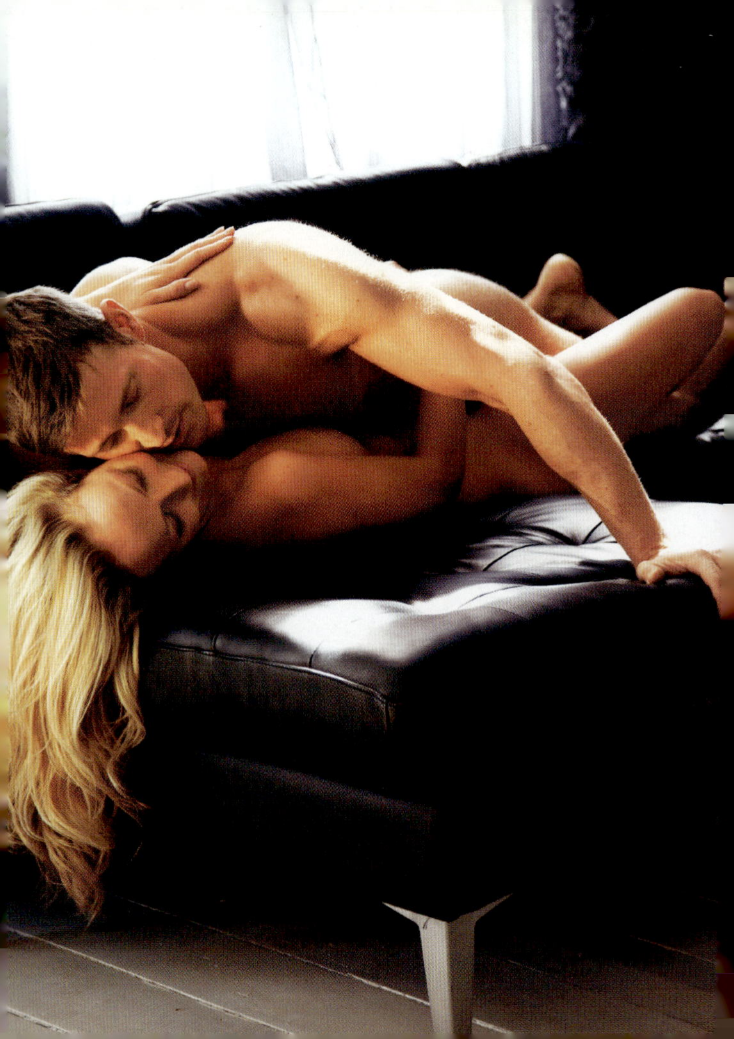

UNIÃO APAIXONADA

O sexo tântrico lhe proporciona uma conexão íntima que pode ser arrebatadora. Unam-se nesse enlace apaixonado! Uma vez abraçados, ela pode entrançar as coxas por trás das pernas dele, fazendo-o se sentir tentadoramente realizado. É de fato uma união, pois vocês se sentem completamente presos, sem saber ao certo até onde vão os limites físicos.

Essa posição também pode ser chamada de "Oração da manhã e da noite" e é uma ótima forma de desfrutar ao máximo a conexão entre vocês, tanto ao acordar de manhã como antes de dormir, à noite.

Oscilando entre estado de vigília e sono, você está relaxado e flexível, e sua mente não está totalmente "ligada"; assim, torna-se mais fácil se render à sensualidade.

Fique nessa posição o máximo que puder, mas tente manter pelo menos 15 a 20 minutos para ter tempo de entrar em sintonia e deixar o outro mais à vontade.

ELE: Mova-se apenas parar manter a ereção, não chegando à ejaculação.

ELA: Relaxe lentamente. Feche os olhos e desfrute essa sensação íntima do corpo dele em cima do seu.

ENTREGUE-SE À SENSUALIDADE

YANTRA MONTADO

Ele está no controle e pode se mover livremente nessa intensa posição erótica. Aqui, ela é passiva e seus movimentos são limitados pelo peso do corpo dele, podendo até se sentir vulnerável enquanto ele se delicia, dominando-a. O Yantra Montado tem um incrível poder erótico; mas, à maneira tântrica, em vez de acelerar um orgasmo explosivo, procure prolongar o erotismo, de forma que todo seu corpo seja tomado por um êxtase ondulante.

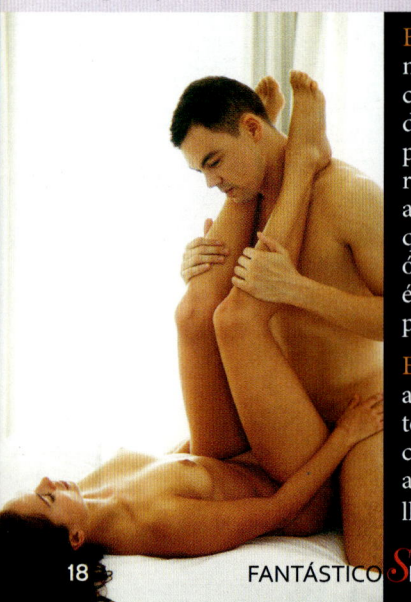

ELE: Mova-se lentamente, de modo que seu pênis acaricie cada milímetro da vagina dela, desde a entrada até a parte mais profunda. Mantenha o corpo relaxado, evitando assim o acúmulo de tensões musculares que levam ao orgasmo. Uma ótima forma de se concentrar é olhando-a nos olhos e nunca perdendo o contato visual.

ELA: Você pode ajudar seu amado a relaxar, esvaindo todas as tensões de seu próprio corpo. Imagine seu corpo se abrindo para ele, enquanto ele lhe retorna o olhar.

A UNIÃO

Esse é um relaxamento, a posição de descanso do sexo tântrico. É prático para ela se autoestimular, pois está com as mãos livres para o acesso ao clitóris, podendo ainda abrir totalmente as pernas, se desejar. Ele obtém prazer mediante o prazer dela.

ELA: Aproveite a oportunidade para descansar e relaxar eroticamente com essa estimulação clitoriana e, ao mesmo tempo, com uma massagem vaginal feita pelo pênis do parceiro. Uma vez construído um centro de excitação sexual, brinque com as sensações, tente tensionar os músculos da vagina ou deixe-os relaxar completamente e observe os efeitos. Experimente várias formas de respiração: ofegante, ou devagar e envolvente. Torne-se uma *expert* naquilo que aumenta e diminui sua excitação.

ELE: Deixe-a se autoexplorar e descobrir as próprias sensações nessa posição. Observe com prazer como o corpo dela se contrai e relaxa com esse jogo erótico.

O CAMINHO TÂNTRICO

CARÍCIAS APAIXONADAS

POR TODO SEU CORPO

No Tantra, o corpo é considerado **DIVINO**. **É VENERADO** como um veículo que pode transportar você a uma consciência mais elevada. Embora **SEU CORPO** necessite de saúde, não precisa ser jovem, magro ou bonito. Assim, você pode lidar com o **SEXO** sem se sentir inseguro. Sentir-se à vontade com o próprio corpo significa que você está livre para se **RENDER** totalmente às **SENSAÇÕES** gloriosas do ato sexual.

Honrando O OUTRO

Uma parte importante da prática do Tantra é a de rituais para aprofundar e formalizar experiências; isso ajuda a exaltar o sexo, tirando-o da rotina e elevando-o ao sagrado. Os rituais aproximam você de seu amor e proporcionam um sentido espiritual. Um ritual tântrico obrigatório envolve a preparação de seu quarto para fazer amor, transformando-o em um ambiente meditativo e cheio de paz (ver páginas 40 e 41).

Antes de uma sessão tântrica, ambos se curvam diante do outro (ver abaixo). A princípio, os rituais podem parecer estranhos, engraçados, inadequados ou até muito sérios, porém você logo descobrirá o sentimento de profunda ligação que eles podem trazer.

NAMASTÊ

Um exemplo de ritual tântrico é o Gesto do Namastê, no qual um parceiro cumprimenta o outro antes de começar a intimidade. Esse ritual permite que você descanse a mente e que, naquele momento, seu foco seja o parceiro, estabelecendo assim um clima de amor, honra e respeito.

- Em pé, sentados ou de joelhos, um de frente para o outro, com as mãos juntas em posição de oração, mantenham a respiração suave e uniforme.
- Olhem-se nos olhos, inclinando-se para a frente em uma curva. Em seguida, digam a palavra "Namastê". É uma saudação hindu que significa "eu vejo o divino dentro de você".
- Retornem para a posição ereta, soltem as mãos e sorriam um para o outro.

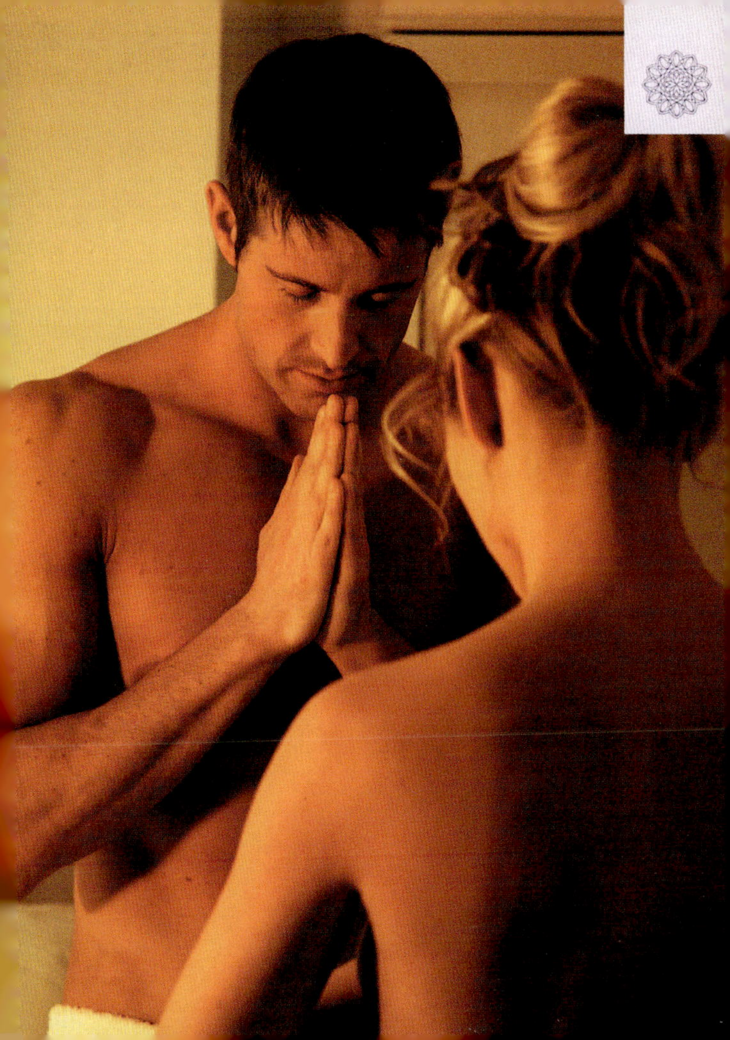

EROTIZADOR

Sinta o fogo acender

FANTÁSTICO SEXO TÂNTRICO DE BOLSO

No sexo tântrico, controlar a energia sexual é tudo. Essa posição, em que a mulher fica por cima, oferece uma verdadeira explosão de excitação. O homem fica por baixo e ela sobre ele, com as pernas ao lado de sua cabeça, por cima de seus ombros. Ela se move para a frente e para trás em cima do pênis do parceiro, podendo começar lentamente, com movimentos sensuais, e depois acelerar em um movimento mais ritmado. Ele pode ajudá-la, guiando o corpo da parceira com as mãos. Vocês terão um movimento mais suave caso se banhem com óleos de massagem antes do ato.

Tentem imaginar que os movimentos de ida e volta estão gerando uma faísca em seus órgãos genitais. Quando ela parar de se mexer, ambos contraem os músculos genitais (ver páginas 126 e 127) e pensam na faísca crescendo no centro de seus corpos. Sem pressa, tentem fazer com que as contrações musculares fiquem mais fortes, mantendo-as o máximo possível.

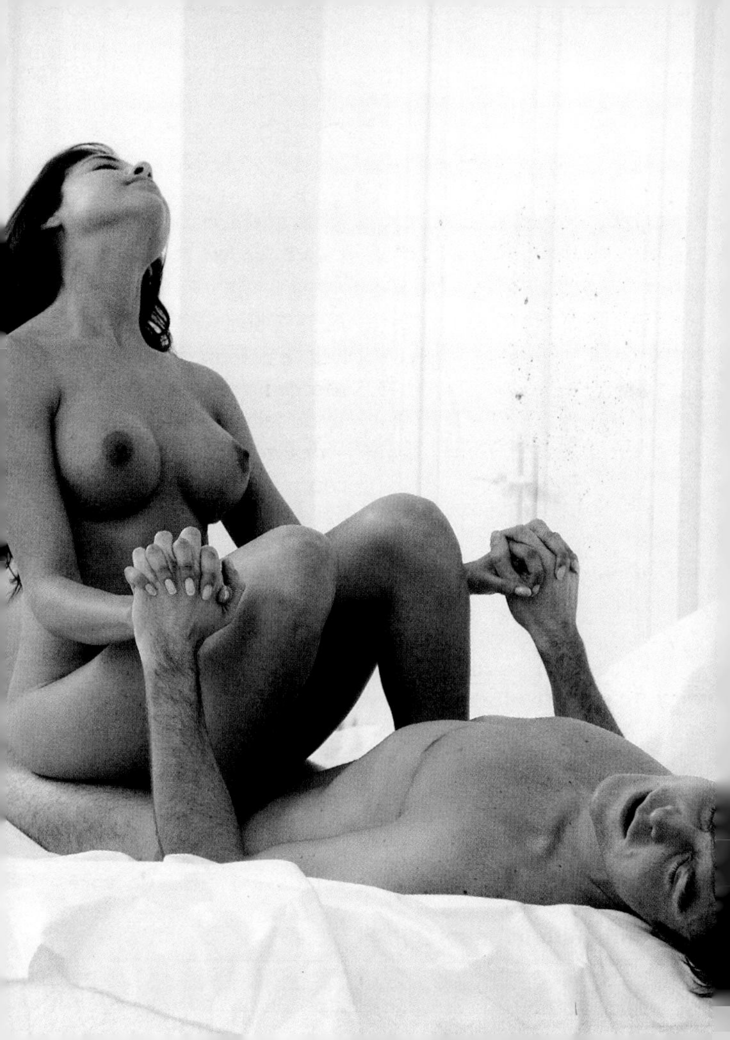

POSIÇÃO DE KALI

Em homenagem à deusa indiana Kali, nessa posição a mulher assume o comando, enquanto o homem relaxa e saboreia cada sensação. Imagine Kali cavalgando no Senhor Shiva com uma paixão ardente, e você entenderá o método.

Liberte seu PODER feminino

ELA: Deixe as inibições de lado e assuma o comando. Monte no parceiro e mova-se do jeito que você quiser – deslize, mexa os quadris, contraia, pule, rebole ou gire de forma selvagem. Se você se sentir insegura, feche os olhos e perca o controle. Pare de pensar em como está sua aparência e se você é sexy ou atraente. Expresse seu prazer com gritos ou gemidos.

ELE: Estando embaixo, relaxe e mergulhe nas visões, sons e sensações da sua amada em cima de você. Gema junto com ela.

O CAMINHO TÂNTRICO

OS CHACRAS

Praticando o sexo tântrico, você começará a perceber a forma como as energias vibram ao seu redor. Especificamente, perceberá as sensações em lugares específicos ao longo do núcleo central do corpo. Chamamos isso de chacras: núcleos de energia que são associados a diferentes partes do corpo, mente, espírito e estados de consciência.

Existem sete chacras, cada um representado por uma cor (veja ao lado) e relacionado a um benefício, quando a energia flui livremente por meio dele. Os sete chacras são alinhados ao longo de um canal vertical chamado *shushumna*. Um dos objetivos da prática do Tantra é experimentar um estado de unidade divina, elevando a energia desde seu chacra básico ou da raiz, na parte inferior do *shushumna*, até o chacra coronário, no alto. Vários exercícios deste livro exigem um conhecimento básico dos chacras e de onde se localizam ao longo do centro do seu corpo.

Ativando-os, você desbloqueará sua energia e ganhará muitos benefícios sexuais. Por exemplo, liberando a energia do chacra básico, você poderá sentir um forte e saudável desejo sexual; é fácil se relacionar com seu parceiro (a) quando a energia flui livremente através do chacra sacral; e quando o mesmo ocorre com o chacra coronário, vocês podem desfrutar um sentido de união, como em uma verdadeira fusão.

O MAPA dos CHACRAS

- O chacra coronário, branco, no alto da sua cabeça, está ligado à unidade.
- O chacra violeta, conhecido como chacra do terceiro olho, ou frontal – no centro, entre seus olhos –, está relacionado à mente e à intuição.
- O chacra azul, da garganta, ou laríngeo, associa-se à sinceridade.
- O chacra verde, chamado de chacra do coração, ou cardíaco, localizado no centro do peito, a meio caminho dos mamilos, relaciona-se ao amor e à compaixão.
- O chacra amarelo, do plexo solar, ou esplênico, na área do umbigo, está ligado ao poder pessoal.
- Entre o umbigo e a área genital está o chacra sacral, alaranjado, relacionado à atração e aos prazeres sexuais.
- E, por fim, o chacra vermelho da raiz, ou básico, localizado entre o ânus e o órgão genital, no períneo, sendo relacionado ao sexo e à sobrevivência.

O CAMINHO TÂNTRICO

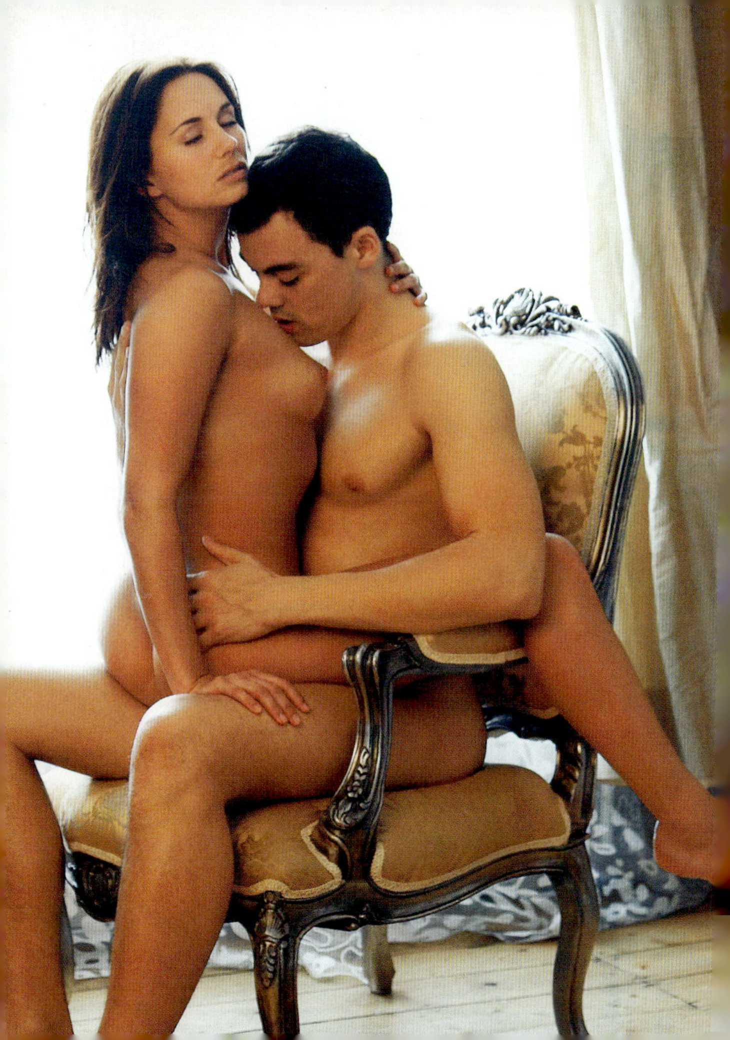

MONTANDO

Para criar uma conexão tântrica erótica, experimente essa posição; ela gera intimidade, pois vocês estão face a face e podem aumentar a excitação por meio dos chacras (ver páginas 28 e 29) balançando um contra o outro. Vocês podem praticar essa posição em uma cadeira, um sofá ou na beira da cama. A mulher pode adaptar a posição das pernas independentemente do móvel usado para o ato.

Desfrute o êxtase de sensações expandindo energia por meio de seus corpos enquanto fazem amor nessa posição. Visualize um sol na pélvis – quanto mais elevar a excitação, pense que mais o sol está brilhando e irradiando calor. Imagine esse calor espalhando-se por todo o corpo e queimando dentro de você.

Deixe o êxtase irradiar pelo seu corpo

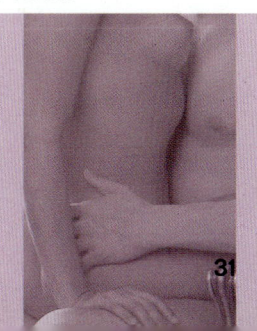

Dominar, rebolar e ondular

DANÇA DO VENTRE

A maneira mais sexy para a mulher nessa posição é de costas para ele, com os pés ao lado de seus quadris. Então, ao som de sua música erótica favorita, ela dança em cima dele e se move lentamente para baixo até ele introduzir o pênis.

ELA: Realize a descida lentamente, de um jeito sedutor; balance os quadris, rebole a pélvis e alongue a coluna vertical; levante os braços. Deixe-se tomar pela música, como uma verdadeira deusa.

A mulher estando por cima pode estimular o pênis do homem, movimentando-se para cima e para baixo ou movendo a pélvis, como em uma dança do ventre. Ela também pode contrair os músculos da vagina enquanto massageia, com a ponta dos dedos, o períneo do parceiro ou a parte frontal do reto, uma de suas maiores zonas de prazer.

O CAMINHO TÂNTRICO

PERNAS CRUZADAS

A partir do momento em que ela está confortável de pernas cruzadas, não há muito mais o que fazer nessa posição. Em termos tântricos, isso é uma vantagem, pois vocês podem praticar a "linguagem secreta" trabalhando os músculos sexuais (ver páginas 126 e 127).

Essa posição fica mais fácil se ela estiver de frente para ele. Experimente maneiras que a deixem confortável; por exemplo, ele pode colocar as mãos sob as nádegas da parceira para reduzir o peso na pélvis, ou então ele pode dobrar as pernas para que ela consiga recostar e repousar sobre as coxas dele.

ELA: Se essa posição não estiver confortável ou prazerosa, experimente colocar um pé no chão ou na cama.

SENTADA DE COSTAS

Ela assume o controle, enquanto ele fica sentado e experimenta uma sensação extraordinária com ela movendo-se em seu colo.

ELA: Seja a deusa do sexo tântrico à noite. Peça a ele que se sente e deleite-se em erotismo. Comece acariciando-lhe o *lingam* com as mãos e os lábios. Em seguida, sente-se sobre ele virada de costas, agachada, e mova-se fazendo ondulações sensuais. Isso o deixará totalmente em êxtase. Finalize com a mesma posição, só que dessa vez de frente para ele, olhando-o nos olhos. Se você quiser mais liberdade para se mexer, coloque os pés no chão.

ELE: Feche os olhos e concentre-se no prazer que lhe percorre o corpo. Repouse as mãos sobre os quadris dela, mas deixe-a comandar.

O CAMINHO TÂNTRICO

DESPERTANDO os sentidos

Se seus sentidos estão despertos, o sexo se torna uma viagem rica em descobertas. Nela, você experimenta o amor desde as visões, cheiros, sons e toques, até o gosto de seu parceiro.

Aumente a excitação de seu amante vendando-o. Para atiçar o olfato dele, deixe pairar no ar qualquer um destes maravilhosos perfumes: óleo essencial de ylang-ylang, flores frescas, um limão recém-cortado ou uma vela que acabou de ser apagada. Você pode também provocá-lo passando uma gota de perfume em seu corpo despido e depois pedindo que ele descubra de que lugar exato vem o cheiro agradável.

Desperte o paladar de seu amor saciando-o com pedaços de alimentos aromatizados; tente com um bocado de pêssego maduro e suculento, ou então mergulhe o dedo em algum licor e a acaricie delicadamente a língua de seu amante. Ofereça-lhe um pedaço de chocolate ou um gole de uma taça com vinho tinto encorpado.

Para despertar o sentido da visão, incline-se e beije seu amor enquanto lhe tira a venda dos olhos. Em seguida, afaste-se e olhe-o nos olhos com ternura.

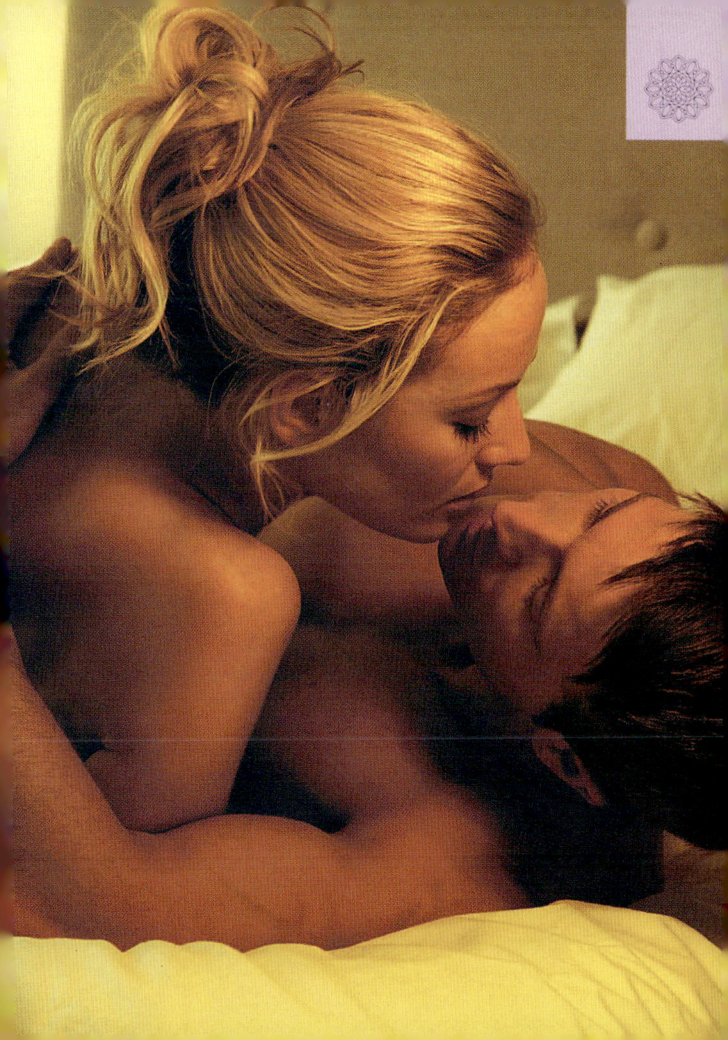

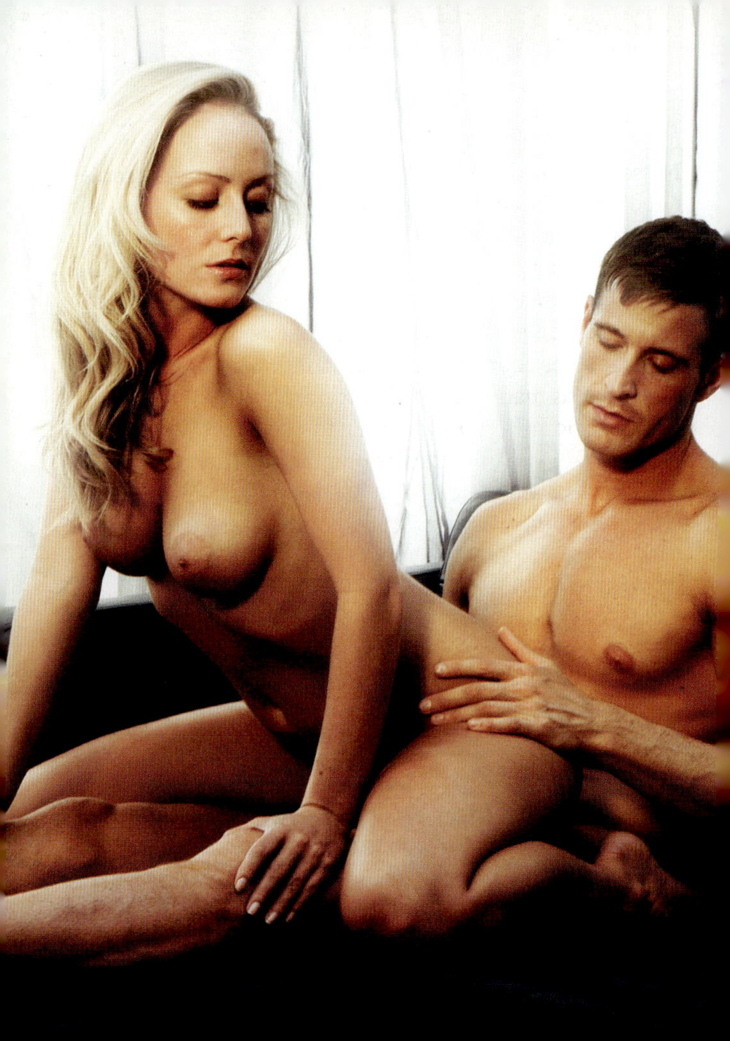

POSTO SAGRADO

Nessa posição, o homem tem a chance de imergir completamente em vários aspectos visuais do sexo tântrico – ele se deleita olhando as curvas das nádegas da parceira e a maneira como sua *yoni* acaricia-lhe o pênis enquanto ela se mexe sobre ele. Ele se senta com as pernas estendidas para a frente e ela se senta em seu colo de costas e, montada de joelhos sobre o parceiro, ela tem a possibilidade de descansar as mãos sobre seus joelhos.

Como o *lingam* fica inclinado na posição do Posto Sagrado, há possibilidades de o homem escapar durante o ato sexual. Ela pode evitar isso mantendo pequenos movimentos circulares, em vez de movimentos para cima e para baixo. Ela pode também tentar uma técnica de agitação pélvica – os movimentos da pélvis enviarão vibrações de prazer por meio de seus órgãos genitais, assim, ambos receberão as energias sexuais que se elevam por meio do corpo dela.

É possível experimentar essa posição em ângulos diferentes. No mais extremo deles, o homem se deita de costas para o chão e a mulher se inclina para a frente até deixar a cabeça entre os pés dele. Procure variar até descobrir como fica mais confortável e agradável para os dois.

Maravilhosamente erótico

CRIE UM PARAÍSO PARA VOCÊ E SEU AMOR

Transforme seu quarto em um **SANTUÁRIO** que envolve os dois no clima certo para os jogos sexuais. Limpe a bagunça, ilumine-o à luz de velas; arrume a cama com **LENÇÓIS LIMPOS** e feitos de tecidos **NATURAIS**; prefira tecidos e cobertores de lã e almofadas macias; adicione objetos bonitos e estimulantes, como fotos eróticas, pinturas ou esculturas. Agora convide seu amor para se juntar a você em uma **BELA NOITE** de sedução.

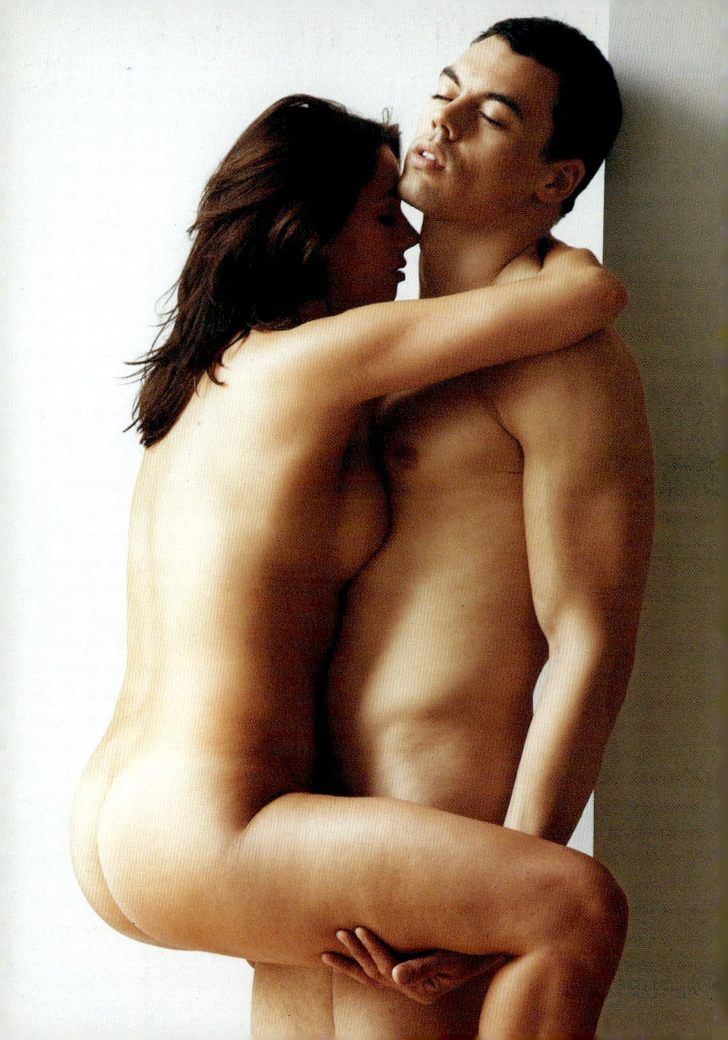

ENTRELAÇADOS

A abordagem do Tantra baseia-se nos princípios tradicionais masculinos e femininos. Essa posição poderosa e íntima é uma forte expressão disso: a mulher se sente completamente realizada nos braços dele; ele se sente forte, poderoso e protetor. Entreguem-se às sensações de feminilidade e masculinidade profundas: o objetivo supremo do Tantra é a envolvente união de Shiva e Shakti (ver página 11).

Essa posição é atraente para a maioria dos homens e mulheres, mas lembre-se: o homem não precisa incorporar o princípio masculino como um todo e o mesmo serve para a mulher. A mulher pode dominar durante o sexo e o homem pode ser receptivo.

Essa posição é mais fácil de ser praticada quando há uma parede como apoio.

Celebre a união de Shiva e Shakti

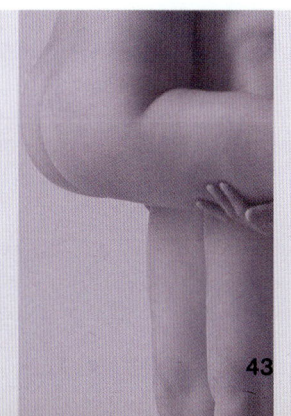

POSIÇÃO DO ELEFANTE

Enquanto as outras posições de costas induzem você a uma rápida penetração, a Posição do Elefante permite que você conduza em um ritmo mais lento, mais próximo da ideia tântrica. Mesmo que vocês não possam se olhar nos olhos, é possível entregar-se por meio de sons e toques: sussurrem e gemam baixinho, e saboreiem a sensação do *lingam* dele encaixado perfeitamente na *yoni* dela.

Abandone-se em luxúria

ELE: Explore diferentes formas de se movimentar nessa posição; mergulhe profundamente e, em seguida, esfregue seu *lingam* na parte externa da *yoni* da parceira. Observe o efeito que isso causa, em níveis diferentes – descubra o que o deixa mais excitado e o que o mantém no apogeu. É uma ótima forma de tentar retardar a ejaculação.

Se você gosta de mudar de posições durante o sexo, a Posição do Elefante lhe permite rolar sobre a cama, sem sair do "encaixe". Virar para o lado ou ela subir em você são exemplos disso. Faça isso apenas quando ela quiser ficar mais à vontade; aprecie os movimentos fluídicos. Delicie-se nessa brincadeira de adulto.

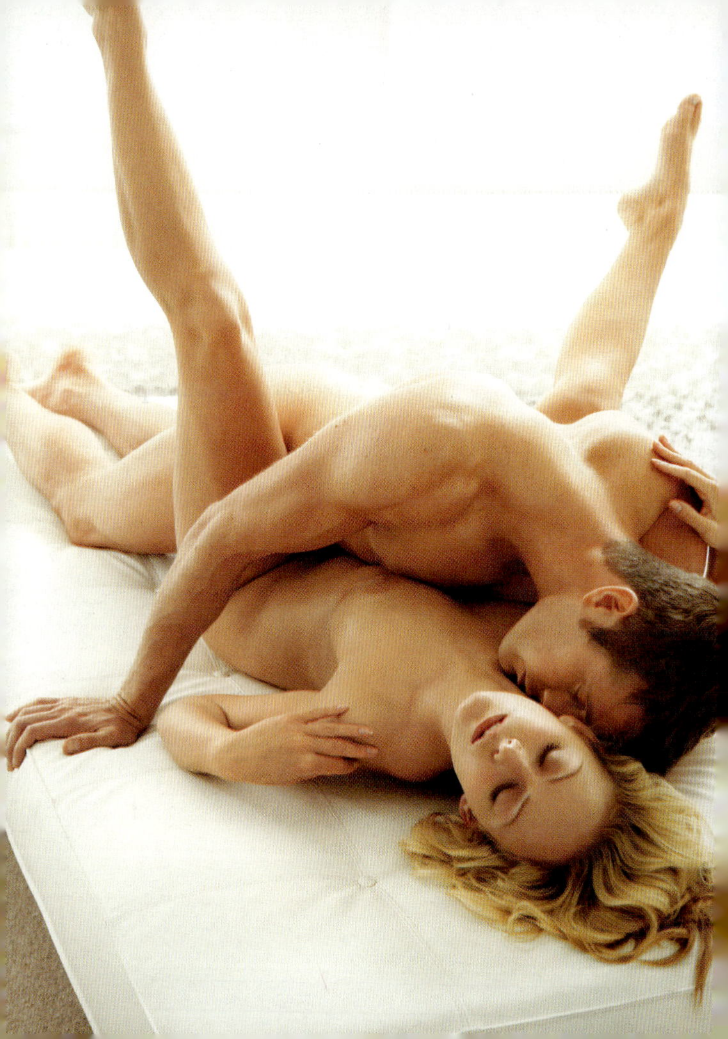

YONI ABERTA

As pernas dela se abrem em um convite erótico enquanto ele sobe para penetrá-la. Essa posição pode ser extremamente excitante para ambos, principalmente se ele fixar os olhos na *yoni* da parceira ou se a excitar com sexo oral antes de penetrá-la. Quando estiverem fazendo amor, concentrem-se no pênis e na vagina, respectivamente. Após o orgasmo (dela, dele ou dos dois), abandonem-se um nos braços do outro. Ela pode entrelaçar as pernas por trás dele, fazendo-o se sentir firmemente seguro.

ELA: Imagine que está sugando calor e excitação do pênis do parceiro. Receba todas as sensações, profundamente, na vagina; deixe que o calor a inflame e incite sua mais elevada paixão.

ELE: Imagine seu pênis pulsando com amor cada vez que você a penetra. Fantasie-se inflando-a de amor e energia a cada impulso.

Deixe-se consumir pela paixão

O CAMINHO TÂNTRICO

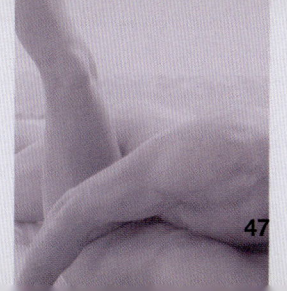

O DOM DE SUA ATENÇÃO AMOROSA

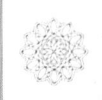

Passe a noite oferecendo deleites ao seu **AMOR**: dispa-se para ele, faça-lhe uma boa massagem, dê um banho **SENSUAL** ou até mesmo sexo oral. Na noite **SEGUINTE**, convide-o a satisfazer você. Enquanto se entrega, **DIGA** ao seu amor que seu único **OBJETIVO** é mimá-lo, satisfazê-lo e servi-lo – e quando você receber prazer, deixe a outra pessoa **SENTIR** o quanto ela o excita.

TIGRE FAMINTO

Enquanto no sexo regular essa posição é conhecida por ser boa para uma "rapidinha", à maneira tântrica ela incita a aproveitar o desejo voraz e inspira a tentar técnicas que acrescentam e prolongam o prazer.

ELE: Use essa posição para praticar os exercícios do hiperorgasmo (ver páginas 106 e 122). Penetre-a; e quando estiver prestes a gozar, prenda a respiração, contraia os músculos sexuais (veja páginas 126 e 127) e conduza a energia sexual até o coração. Quando estiver perto do clímax, peça a ela que pare de se movimentar, pois isso pode "derrubar" você.

ELA: Concentre-se no "local da deusa" (ver páginas 92 e 93) e receba as loucas sensações provocadas quando o *lingam* do parceiro a acaricia repetidamente.

POSIÇÃO DO CACHORRINHO

No sexo tântrico, a Posição do Cachorrinho pode ser amorosa, íntima e sensual, e também uma ótima maneira de estimular um dos "pontos quentes" tântricos da mulher – o "local da deusa" (ver páginas 92 e 93). Ela fica apoiada com firmeza na posição vertical e ele se inclina para a frente, podendo assim segurá-la e acariciá-la. Ele pode penetrá-la profundamente enquanto ela estimula o clitóris.

ELE: Essa posição é excitante para você e muito estimulante para ela. Introduza somente a cabeça do pênis no "local da deusa", assim terá tempo de saboreá-la antes de penetrá-la. Para fazê-la tremer de prazer, aproxime-se dela com os lábios e sopre suavemente a pele da parceira. Deixe o ar que emana de sua boca fluir constantemente sobre os ombros e o pescoço dela, usando a respiração como uma ferramenta de massagem. Se isso a deixar louca, não pare.

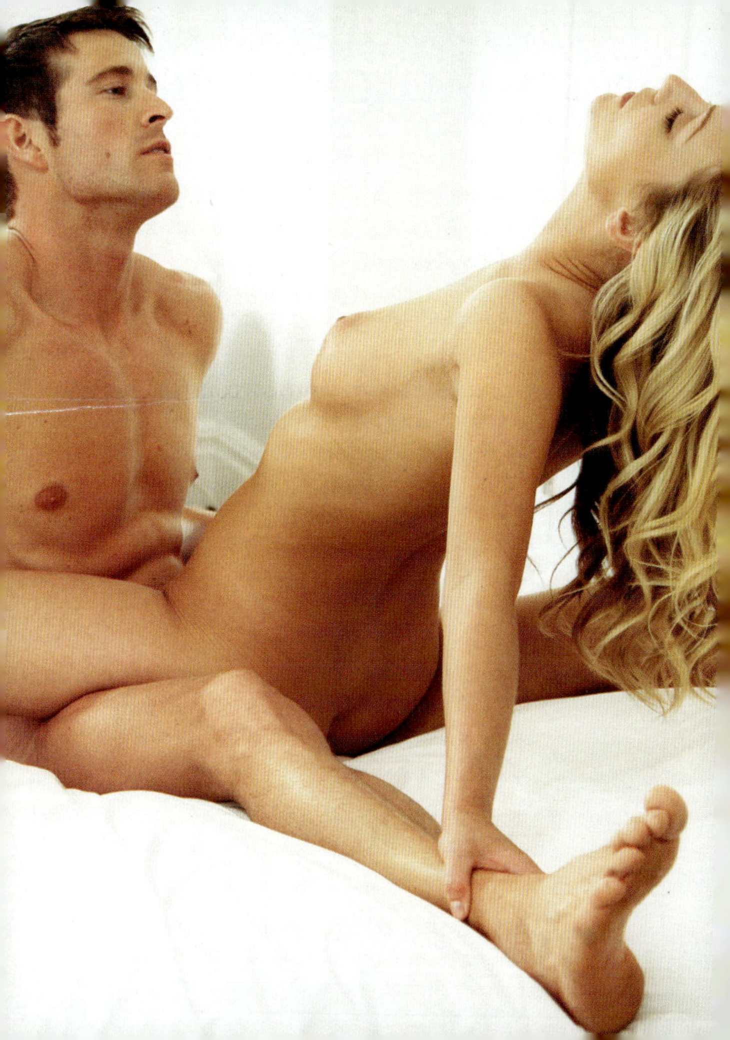

TORNOZELOS ACORRENTADOS

Vocês podem parecer afastados nessa posição; no entanto, podem se fundir em êxtase nessa posição altamente erótica. Para chegar à posição, ele estende as pernas para a frente e ela senta em seu colo, inclinando-se para trás enquanto ele apoia as mãos nos tornozelos dela. Ela coloca as pernas por trás dele, permitindo assim que ele se apoie em seus tornozelos.

Iniciem o ato de amor tântrico com momentos separados nos quais os dois se concentram respiração. Experimentem qualquer exercício de respiração com o qual estejam habituados, incluindo respiração profunda simples. Refugiem-se em mundos separados, não se esquecendo, depois, de voltar e olhar dentro dos olhos um do outro. Se o nível de excitação decair, recarreguem as baterias sexuais movendo-se um contra o outro.

Como seus tornozelos estão travados, vocês precisam ser criativos nos movimentos: contorçam-se, rebolando e vibrando. Vocês podem se estimular também contraindo internamente os músculos do amor (ver páginas 26 e 27).

Saboreie uma sensação única

O CAMINHO TÂNTRICO

INDULGÊNCIA SEXUAL

Encha a banheira com água quente e adicione algumas gotas de jasmim ou seu óleo essencial predileto. Acenda velas ao redor da banheira.

Quando seu amor entrar na água, peça-lhe que feche os olhos e diga que você está indo massageá-lo. Enquanto ele recebe a massagem, peça-lhe que aguce a percepção por meio destes quatro sentidos:

- Audição (o som da água escorrendo suavemente e borrifando);
- Olfato (o perfume de jasmim ou outro óleo essencial);
- Tato (a sensação da água quente em sua pele);
- Visão (o cintilar de luz das velas, com as pálpebras fechadas).

Mergulhe a esponja na água da banheira, toque delicadamente seu amor e depois aperte a esponja sobre seu pescoço, peito e ombros. Levante suavemente um pé de cada vez dele e regue-lhe os dedos e a sola dos pés. Faça o mesmo com as mãos e os braços, concentrando-se nas palmas das mãos e antebraços. (Não levante as pernas e braços do parceiro se você não consegue suportar completamente o peso. A massagem não tem o mesmo efeito se seu amor tiver de fazer todo o esforço.)

Mantenha a massagem, deixando um fluxo constante de água sobre a pele. Permita que seu amor entre em um estado de relaxamento profundo; quando ele estiver preparado para sair do banho, cubra-o com uma toalha grande o suficiente para envolver-lhe todo o corpo. Em seguida, enquanto ele estiver calorosamente enrolado na toalha, dê-lhe um longo beijo e abracem-se sentindo o vapor do banheiro; pegue-lhe a mão e leve-o ao quarto. Uma boa maneira de terminar essa massagem é na frente do espelho: um acaricia o corpo despido do outro, trocando entre si elogios sensuais, antes de deslizar sobre a cama.

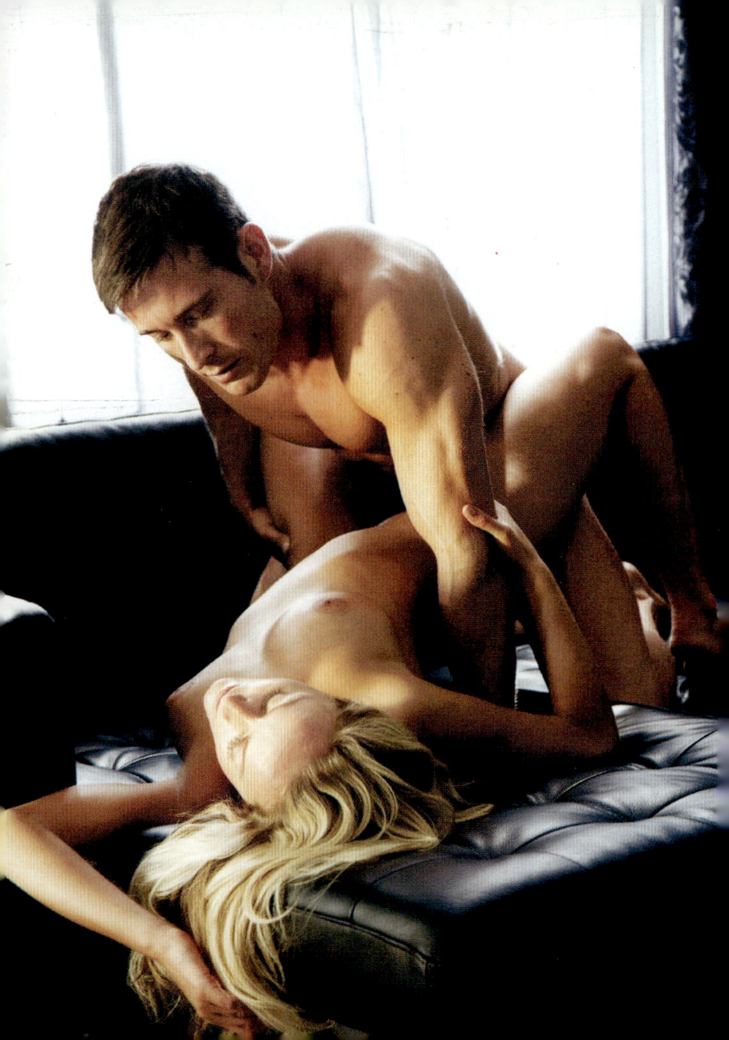

POSIÇÃO DA ESCALADA

Embora seja uma ótima posição para praticar um ato sexual envolvente, o êxtase é alcançado aos poucos no sexo tântrico. Comecem com um abraço carinhoso – acariciem o corpo um do outro, olhem nos olhos. Não tenham pressa de começar o ato sexual. Basta se concentrar no que estão fazendo, basta desfrutar a intimidade do momento.

Como vocês estão criando um clima para a penetração, tentem respirar juntos o tempo todo. Então, naturalmente, ele pode subir e entrar nela, na posição do missionário. Ela levanta a própria pélvis até onde lhe for confortável, deixando seu corpo ser conduzido pelos movimentos dele. Como os quadris estão suspensos, ambos podem se movimentar: ela pode empurrar para cima ou rebolar a pélvis e ele pode empurrar para baixo, pressionando, ao mesmo tempo em que ela faz o movimento contrário.

Pressão, colisão e agitação

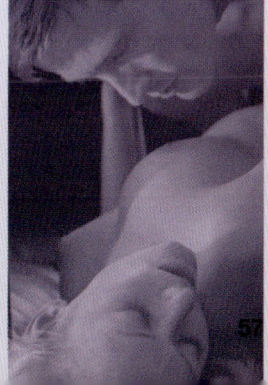

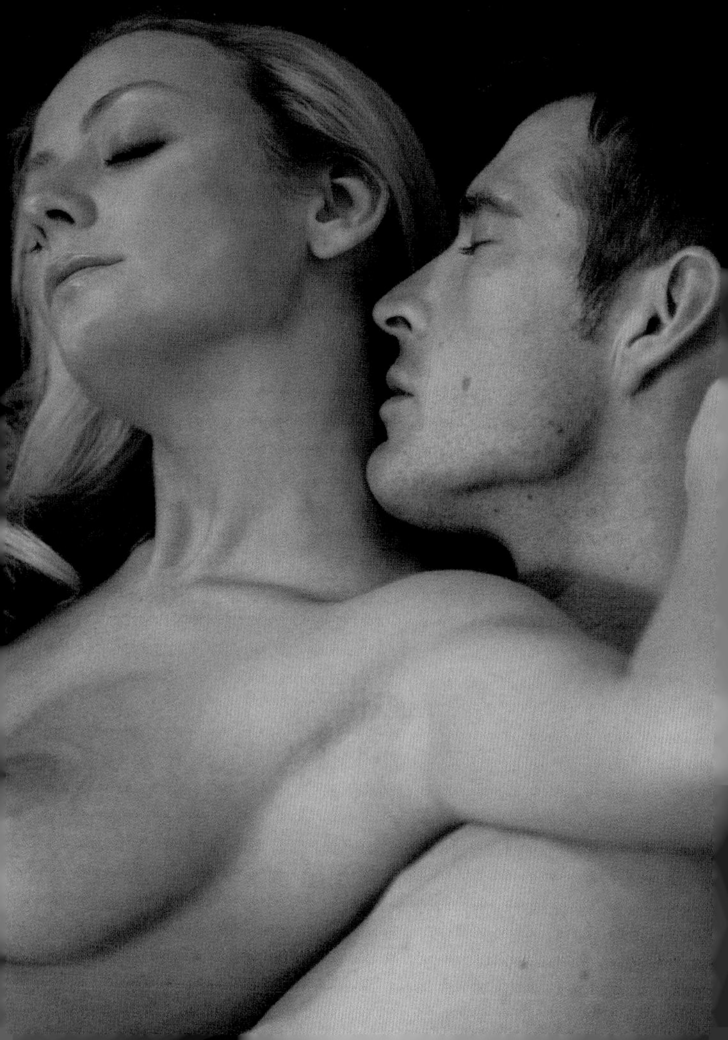

CAPÍTULO 2

O TOQUE
TÂNTRICO

SIRVA SEU AMOR COM DELEITES REPLETOS DE EROTISMO

Delicadamente, coloque uma venda sobre os olhos do **AMANTE** e, em seguida, sirva-lhe qualquer uma destas delícias táteis e surpreendentemente excitantes: arraste um lençol de seda sobre o corpo dele; desenhe com uma pena um redemoinho sobre a pele do **AMANTE**; espalhe gotas de **ÓLEO** em suas costas, em uma massagem quente; esmague morangos e passe na parte da frente de seu **CORPO**; com um cubo de gelo, faça movimentos circulares ao redor dos mamilos de seu parceiro e cócegas no ventre com seus cabelos; esfregue-lhe as **NÁDEGAS** ou dê pequenas palmadas com a parte de trás de uma escova de cabelo.

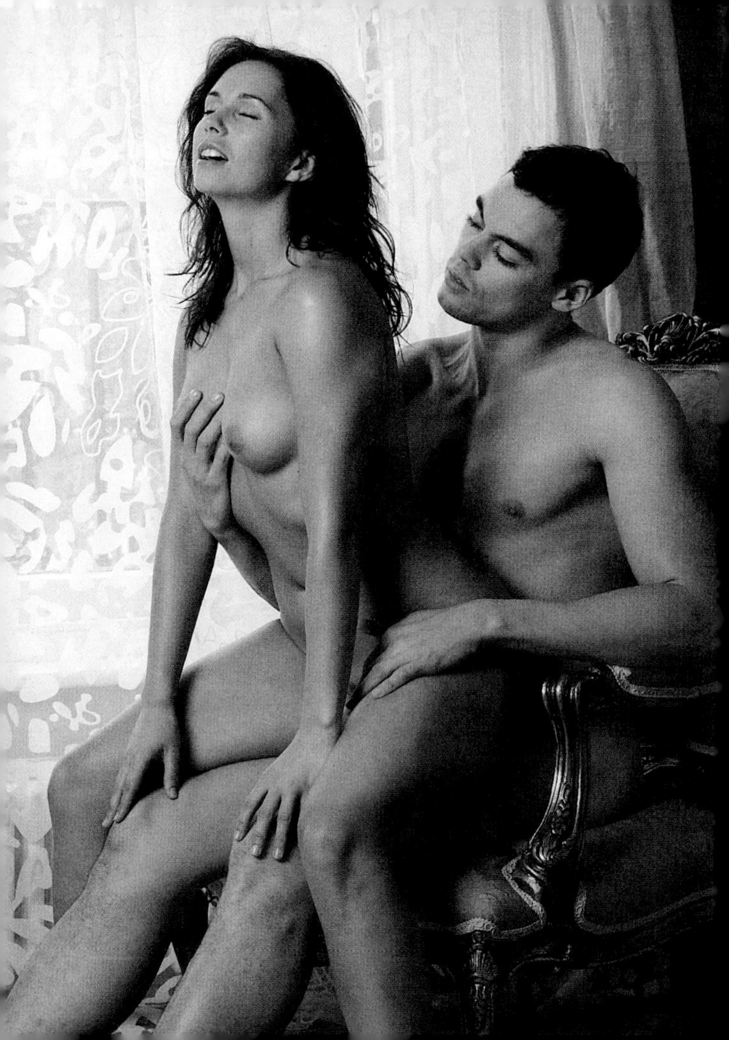

ABRAÇO SENTADO

Ambos estão com as mãos livres para se acariciar, nessa posição. Ele se senta e convida-a para ficar por cima dele, de costas, e a penetra com sensualidade. A posição do Abraço Sentado é uma ótima combinação para estimular o "local da deusa"(ver páginas 92 e 93) com a masturbação clitoriana; a mulher fica livre para encontrar o melhor ângulo que permita ao *lingam* do parceiro pressionar seu "local da deusa", enquanto ela pode tocar o clitóris da maneira que preferir.

Ele pode deslizar as mãos pelas curvas da parceira, acariciar-lhe os seios e segurá-la firmemente pela cintura para puxá-la contra ele. Embora não haja um contato visual, o ato sexual ainda consegue ser bastante íntimo e harmonioso.

Sinta palpitações de prazer

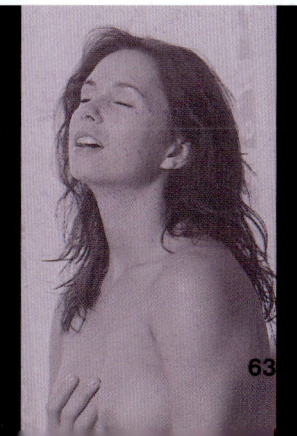

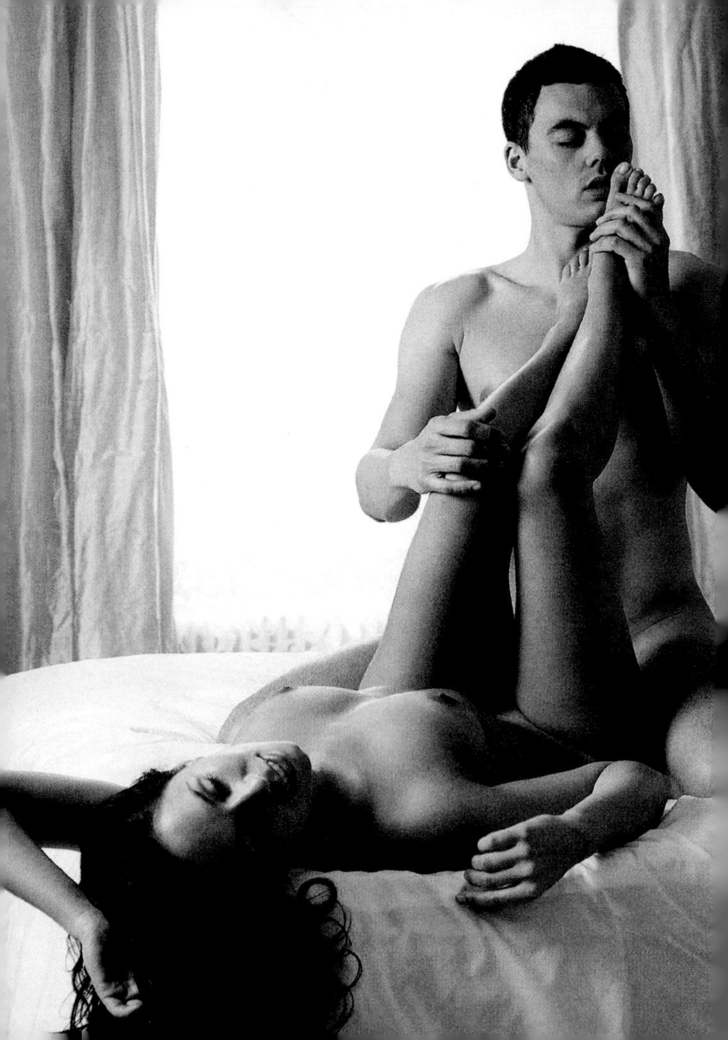

POSIÇÃO APERTADA

Desfrute uma profunda, satisfatória e sensual penetração nessa posição tântrica – também conhecida como "Totalmente favorável" no *Chandamaharosana Tantra* (uma escritura tântrica do século IX). Ela se entrega a ele, sentindo-se completa e protegida pela intensidade da penetração. Ela põe os pés sobre o peito dele, que a penetra, ajoelhado.

Embora ele esteja em uma posição dominante, pode demonstrar seu amor por ela, segurando-lhe os tornozelos e levando-o até o próprio rosto, beijando delicadamente as solas dos pés da parceira. Lamber e chupar os dedos dos pés da amante pode ser o toque final desse ato de adoração aos pés. A sensação do pênis penetrando a vagina enquanto o homem se delicia com os dedos dos pés da mulher na boca, além da troca de olhares ardentes, pode levá-los a níveis orgásticos sublimes.

Torne profundo e penetrante

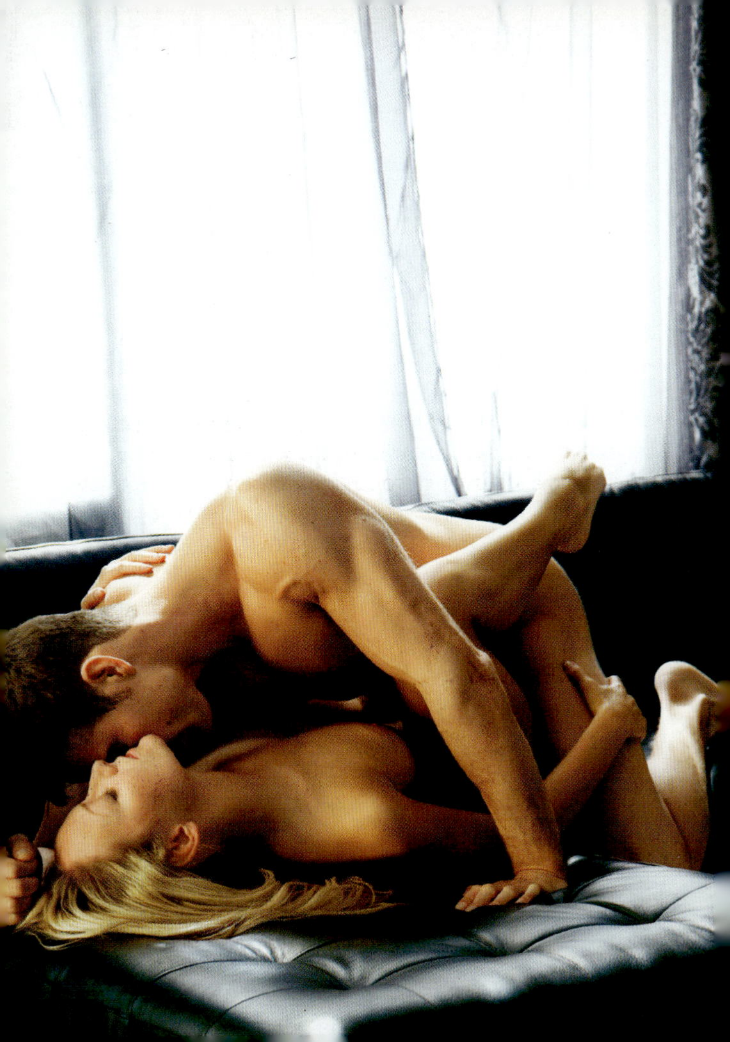

ABRAÇO SENSÍVEL

Essa posição conduz a novos níveis tântricos, pois você "abraça" enquanto faz amor. Ela se deita de costas e separa as pernas enquanto ele desliza suavemente por cima dela. Como estão com seus rostos próximos, fica mais fácil aproveitar essa fusão de ternura e sensualidade mais de perto. Em níveis práticos, essa posição é boa para aquilo que um antigo texto erótico descreve como "alto congresso", que significa a combinação de um pênis grande com uma vagina pequena. Entretanto, mesmo que ele não seja bem dotado nem ela compacta, ainda assim se pode chegar a altos níveis de estimulação física e emocional.

      Como a vagina fica contraída nessa posição, ele deve tomar cuidado para penetrá-la devagar e não machucá-la; bem como garantir seu conforto. Assim se consegue extrair o melhor das contrações eróticas de uma penetração. Ela, porém, deve se concentrar em relaxar e se abrir para ele, respirando por meio dos órgãos genitais e amenizando as tensões dos músculos do amor (ver páginas 126 e 127). Fiquem nessa posição o quanto desejarem – o objetivo permanecer assim pelo menos 15-20 minutos, para ter tempo de os dois se sintonizarem e deixarem um ao outro à vontade.

Rendam-se um ao outro

O TOQUE TÂNTRICO

TOQUE da ponta dos dedos

Experimente essa maravilhosa massagem tântrica sem outra prática, ou inclua-a em suas preliminares. A sensação das pontas dos seus dedos percorrendo suavemente a pele de seu amante causará arrepios no corpo inteiro. A massagem com a ponta dos dedos é extremamente simples, pois você não precisa de óleos nem ferramentas para executá-la. Basta um quente refúgio erótico (ver páginas 40 e 41) e o corpo desnudo do parceiro. O intuito é se conectar com ele por meio de um toque completamente leve e, usando a ponta dos dedos, você pode literalmente se ligar na energia sexual de seu amor, provocando resultados eletrizantes.

PASSO 1: Deite-se com seu amor e comecem a se acariciar, respirando juntos. Em seguida, vire-o para sua frente e se ajoelhe atrás dele; toque a parte de trás do pescoço dele, pense que está tentando tocar os pelos minúsculos que existem sobre a pele e não a pele em si. Mova as mãos lentamente, revezando entre pescoço e costas, mantendo sempre o toque delicado. Se seu amor ficar de cabelos em pé ou repleto de arrepios, saiba que está funcionando! Em caso de dúvida, apenas sussurre baixinho: "Como você se sente?".

PASSO 2: Peça ao amante que se deite de bruços e, em seguida, roce os dedos sobre as nádegas, costas e pernas dele; percorra todo esse caminho até chegar aos pés (se seu amor tiver cócegas, deixe as solas de fora). Agora, faça movimentos circulares nas costas do amante, como se fossem redemoinhos, sempre mantendo o toque leve como uma pluma. Enquanto passa as mãos sobre a pele de seu amor, imagine que seus dedos emitem energia, uma pequena carga elétrica, um fulgor ou calor que deles emana. Transmita essa energia ao seu parceiro.

PASSO 3: Complete a massagem deitando seu amante de frente, acariciando e fazendo círculos com os dedos na parte da frente do corpo dele. Algum tempo depois, acaricie-lhe somente os órgãos genitais e mamilos. Provoque-o, suspendendo o toque e, depois, recomeçando. Quando o parceiro já estiver completamente inebriado de excitação, beije-o. Veja o que acontece depois.

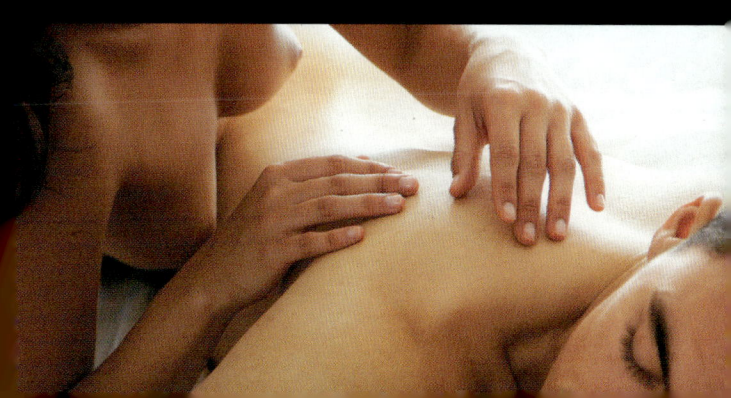

O TRIPÉ

Para oferecer ao parceiro a experiência completa da "Prática chacra"(ver páginas 28 e 29), faça amor nessa posição. A mulher começa, abaixando-se e levando o *lingam* do parceiro à boca enquanto massageia-lhe o períneo – onde se encontra o chacra básico (ver página 29). Ele fecha os olhos e se concentra apenas na acumulação de energia nesse local. E então, quando ela quiser, beija-lhe lentamente a barriga e o peito.

Dependendo da diferença de altura entre os dois, talvez ela precise ficar parada para não deslizar. Assim, desfrute uma intensa sensação de união estática flexionando os músculos do amor (ver páginas 126 e 127) um contra o outro.

ELA: Depois de percorrer todo o corpo do parceiro, compartilhem de um profundo e inebriante beijo antes de envolvê-lo com suas pernas, guiando-o para dentro de você.

ELE: Imagine-a desenhando as sensações em seu corpo, seguindo em uma linha reta.

POSIÇÃO PENETRANTE

Para chegar a essa posição apaixonada e intensa, ela sensualmente se eleva alguns centímetros sobre o corpo dele até que suas pernas se enganchem por cima dos ombros do parceiro. Em termos tântricos, o desafio é canalizar a energia sexual de cada um e proporcionar ao parceiro um deleite prolongado erótico. Mantenha a chama acesa, queimando o máximo que puder.

ELE: Não se esquive do papel do dominador, aproveite-o. Saboreie seu potencial e poder. Expresse seu prazer por meio de gemidos, rugidos e a respiração ofegante. Tente relaxar as nádegas enquanto se move – é comum o homem apertar forte as nádegas quando está por cima, acumulando tensão e impulso sexual rapidamente, e culminando em uma ejaculação explosiva. Você pode reverter isso e saborear um modo tântrico mais lento e sensual de fazer amor, com um relaxamento consciente.

O TOQUE TÂNTRICO

SHIVA POR CIMA

Quando estiver nessa posição, concentre-se principalmente na extraordinária sensação do contato de pele com pele. A prática tântrica pode trazer um novo fôlego a essa posição missionária e torná-la mágica novamente. Enquanto o homem se move, os dois podem visualizar o encaixe perfeito dos genitais, a sincronia de dois corações batendo juntos e a maneira como seus lábios se fundem. Essa posição é perfeita para a contemplação mútua e para uma troca de beijos; vocês podem experimentar ainda uma sensação de maior ligação e unidade, selando os lábios, como se um inspirasse a respiração do outro.

Troquem beijos e ternura

ELE: Assuma a responsabilidade, entregue-se à sensação de domínio forte e ardente. Deslize para dentro e fora dela, deixando-a se sentir acariciada pela extensão de seu órgão.

ELA: Abra corpo como uma flor desabrochando, deixe-se levar e renda-se sob ele.

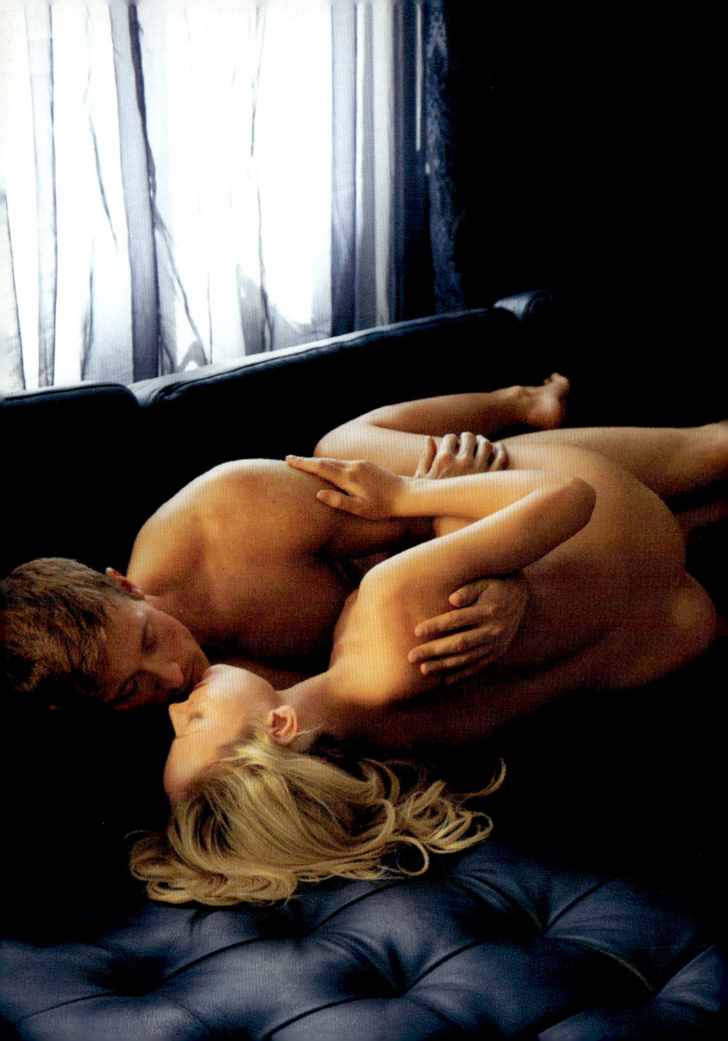

TESOURAS

Essa é uma ótima posição para vocês se tocarem e acariciarem lado a lado. Há bastante intimidade face a face e, diferente das outras posições em que os dois estão de lado, nessa ele pode penetrá-la profundamente. O fato de ele estar bem posicionado e encaixado entre as coxas dela dificulta que escorregue para fora.

Essa posição é perfeita para quem quer tentar o balanço pélvico (ver páginas 116 e 117) durante o ato sexual; o balanço pélvico gera uma carga sexual nos órgãos genitais que resulta em uma sensação fantástica para ambos. Movimentem-se para a frente e para trás ao mesmo tempo, mas apenas com a pélvis – o resto do corpo deve ficar parado. Quando vocês se mexem para trás, o pênis sai um pouco e, no movimento do homem para a frente, desliza para dentro novamente, estimulando o clitóris dela e a glande dele.

Embora o balanço pélvico seja totalmente excitante e pareça tentador movimentar-se de forma veloz, tente manter um ritmo constante e cadenciado. Relaxe e permita que o prazer flua pelo corpo inteiro: imagine seu corpo criando correntes sexuais que vão desde os órgãos genitais até a cabeça. Se quiserem, procurem sincronizar a respiração e as contrações dos músculos do amor com o balanço da pélvis.

Sinta a corrente sexual

CARÍCIAS na *yoni*

Deixe sua amada viajar em ondas de êxtases sexuais dando-lhe essa massagem na *yoni*. Enquanto isso, você pode se deleitar fornecendo e observando-a receber prazer.

Ela começa com um ritual tântrico curto: ponha uma mão na *yoni* da parceira e outra sobre o coração. Deixe as mãos repousarem dessa forma por alguns minutos; a pressão das palmas darão uma deliciosa sensação de reconhecimento dessas duas partes do corpo da parceira. Respire pelo chacra do coração (ver página 29) e peça a ela que faça o mesmo. Perceba os sentidos do amor se expandindo em seu peito.

Comece a explorar lentamente a *yoni* da parceira com a ponta dos dedos. Não se apresse para estimular-lhe o clitóris ou a vagina, pois o objetivo do sexo tântrico é explorar e provocar, não necessariamente chegar logo ao apogeu. Seja criativo com os dedos; por exemplo, esfregue, aperte, puxe e belisque delicadamente os lábios vulvares, pressione o ponto U ou glândula de Skene [área em torno da abertura uretral feminina], desvie para apalpar-lhe o interior das coxas ou monte de Vênus. Desenhe formas ovais com seus dedos ao redor do clitóris e do períneo.

TÉCNICAS de toque

- Movimente os dedos bem lentamente ao redor de toda a *yoni* da parceira (pare na entrada da vagina para se aproveitar da umidade natural e passá-la em volta);
- Toque-a com uma apaixonada reverência. Faça com que ela se sinta totalmente absorvida por essa exploração;
- Espere ela se excitar completamente antes de tocar-lhe o clitóris; depois estimule-o suavemente com a ponta dos dedos;
- Experimente diferentes tipos de toque: deslize os dedos em movimentos circulares em volta do capuz clitorial, aperte a glande clitoriana ou prenda o clitóris entre o dedo médio e o indicador; agora pressione os dedos um contra o outro.

UNIÃO ÍNTIMA

No sexo tântrico, você se dá tempo para experimentar – a mínima mudança de posição pode causar efeitos maravilhosos. A União íntima é similar à Essência feminina (ver páginas 84 e 85), porém em vez de as pernas delas ficarem para o lado de fora das dele, ficam para dentro.

Essa pequena diferença pode elevar consideravelmente a excitação, pois aumenta a pressão do clitóris e ele sente seu pênis mais contraído. Também torna o orgasmo mais plausível para ela – algumas mulheres acham mais fácil gozar quando com as pernas juntas.

ELA: Procure balançar a pélvis nessa posição. Imagine que está balançando o *lingam* dele dentro de você. Isso proporciona aos dois sensações fantásticas e vibrações rápidas, além de liberar a pélvis para receber energia por meio de seus chacras (ver páginas 28 e 29). É uma ótima maneira de abrir seu chacra sacral.

ELE: Concentre-se nas gloriosas sensações que permeia seu *lingam*. Relaxe completamente enquanto ela se balança e treme em cima de você.

O BROCHE

Ambos ficam de lado, um de frente para o outro, em um abraço íntimo, tendo uma ótima oportunidade para se apreciar e acariciar mutamente.

Olhem para os olhos um do outro e acariciem-se. Deixem a maciez fluir. Concentrem-se na sensação das respirações fundindo-se e dos corpos se enchendo de carícias. Sintam as ondas de excitação emergindo através de vocês e deixem-nas se espalharem pelas genitálias. Se a mente começar a divagar, utilizem o exercício de respiração chacra das páginas 112 e 113, trazendo os pensamento de volta ao corpo. Imaginem-se derretendo juntos enquanto fazem amor; tornem-se um só ser.

O TOQUE TÂNTRICO

SUBIDA DA SERPENTE

Vocês podem desfrutar uma aproximação real e o toque de peles nessa posição sedutora, embora não estejam face a face.

Ela se sente completamente coberta sem se machucar e ele tem a liberdade para se mover como quiser. O "local da deusa" (ver páginas 92 e 93) é massageado, assim como cada centímetro do pênis dele. A penetração pode ser mais fácil – e profunda – se forem colacados travesseiros por baixo do abdômen dela.

Concentrem-se na sincronia de suas respirações e inspirem juntos por meio de seus chacras (ver páginas 112 e 113). Dê um bom treino aos músculos do amor, pois também é uma ótima maneira de se comunicarem.

Se a tentação de chegar logo ao clímax for muito grande, apenas role para o lado, executando a mesma posição.

Sussurre suavemente

CARÍCIAS no *lingam*

Os homens adoram a massagem tântrica no *lingam*. Em vez dos movimentos rápidos para cima e para baixo que ele usa durante a masturbação, você retardará as coisas ao estilo tântrico, provocando, acariciando e explorando toda a área genital.

Quando ele estiver deitado e confortável, delicadamente coloque uma mão sobre seu *lingam* e a outra sobre seu coração. Isso aproxima os dois parceiros. Passe óleo nas próprias mãos e em seguida posicione o l*ingam* como se apontasse para a cabeça do parceiro. Alongue desde o início do *lingam*, usando a técnica de esfregar as duas mãos, até a ponta, em direção ao umbigo, incluindo os testículos.

Após um minuto ou um pouco mais, mude o ritmo da massagem partindo para algo mais sensual, reduzindo a pressão nas mãos. Continue diminuindo a pressão, até suas carícias se tornarem leves e provocativas.

Imagine a energia do amor fluindo de seu coração para os dedos e manifeste isso por meio de carícias. Perceba o quanto o corpo dele gosta de ser tocado. Com as mãos banhadas em óleo explore cada parte do *lingam* do parceiro – a glande, lado de baixo da haste e a base em que o *lingam* se junta com o resto do corpo. Deixe-se levar. Use seus lábios e a língua como ferramentas de massagem, se quiser. Experimente algumas ou todas essas carícias:

TÉCNICAS para Tocar

- Vibre as pontas dos dedos suavemente por toda a área genital do parceiro;
- Envolva os dedos (banhados em óleo) em torno do pênis dele, de modo que seus polegares alinhem-se na parte inferior do *lingam*. Agora que o parceiro está completamente envolvido em suas mãos, mova-as para cima e para baixo. Pressione os polegares contra o prepúcio, perto do fim do *lingam*, quando chegar a essa parte sensível;
- Faça pequenos movimentos circulares em cada parte do períneo. Enquanto você pressiona o ponto P (ver páginas 88 e 89), peça-lhe que contraia seus músculos do amor (ver páginas 126 e 127) e que inspire. Pare de pressionar, peça-lhe que relaxe e solte o ar;
- Pressione o eixo do *lingam* com as palmas das mãos abertas e esfregue-as lentamente.

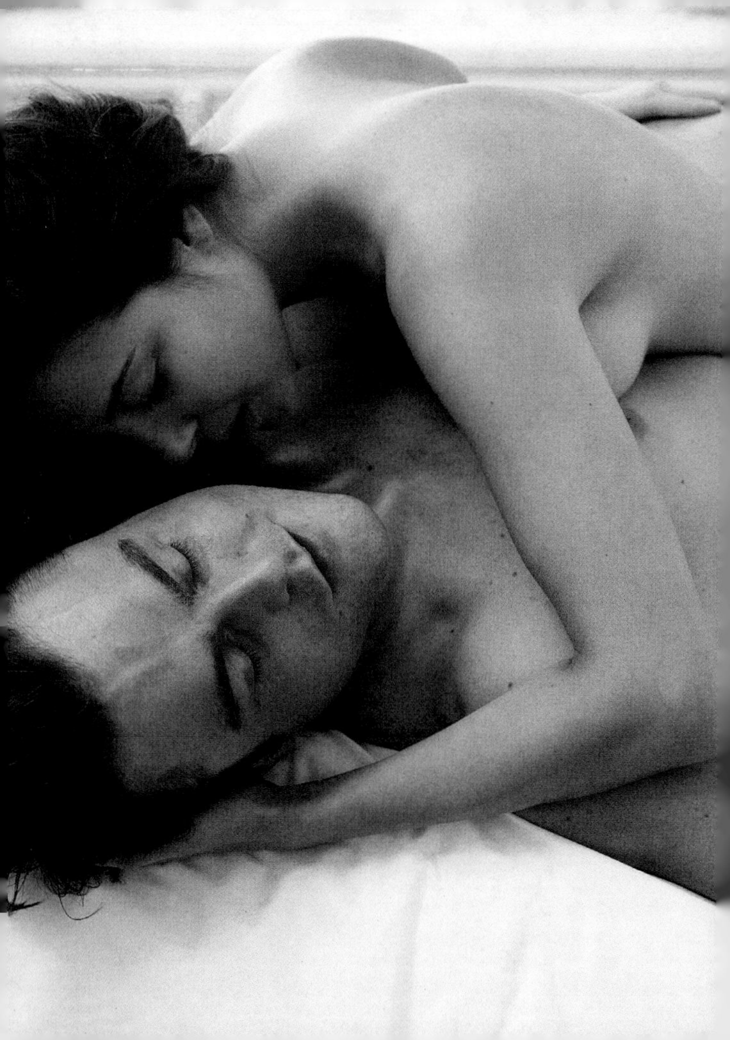

ESSÊNCIA FEMININA

Ele se entrega à parceira, que explora sua própria capacidade de dar prazer nessa posição em que ela fica por cima. Ela mexe e rebola os quadris, sua vagina é estimulada pelo pênis do parceiro e seu clitóris é massageado por toda a área púbica bem como pela base do *lingam* dele. Ela pode afinar a própria sensibilidade alternando o foco da atenção entre o clitóris e a vagina.

ELA: Aproveite um momento para se concentrar nas sensações diferentes que vêm de seu clitóris e vagina. Sinta a edificação gradualmente – não force nada – apenas relaxe e deixe-se levar. Uma das coisas boas do sexo tântrico é que você não está sob pressão para gozar rapidamente; portanto, observe e saboreie cada sensação.

ELE: Como é sua amada quem se movimenta nessa posição, você apenas fica deitado. Veja o que acontece quando pratica sexo relaxado – você pode ficar extremamente excitado ou perder a excitação. Instantaneamente, seu corpo pode tremer, ter espasmos de prazer, ou pode ficar parado e relaxado. Observe e aproveite todas as reações.

Relaxe e deixe-se levar

POSIÇÃO DA ESTRELA

Essa posição sensual une os dois de uma maneira ímpar. O homem se deita de frente e a mulher conduz seu pênis para dentro dela, enquanto se senta sobre ele em um profundo agachamento. Em seguida, ela se inclina completamente para trás, até a cabeça ficar entre os pés do parceiro. Os dois abrem as pernas, cada um agarrando os pés do outro. Caindo em um relaxamento completo, insuflem a carga sexual vinda de seus órgãos genitais. Inspirem e sintam toda a energia erótica percorrendo seus corpos.

    Depois de um exercício tântrico de respiração, essa é a posição ideal. (As nádegas dela ficam apoiadas entre as pernas dele, em vez de erguidas sobre seu abdômen.) Seus corpos se moldam como um círculo, possibilitando facilmente a circulação por meio dos chacras desobstruídos (ver páginas 28 e 29).

inta o calor que emana dos corpos

O TOQUE TÂNTRICO

87

O LOCAL SAGRADO

Dar a ele essa massagem tântrica no local sagrado pode levá-lo a um novo patamar de prazer. O "local sagrado", como é referido no Tantra, também é conhecido como o "local da glândula da próstata" (ou o ponto P), ou simplesmente o ponto G masculino. A próstata encontra-se abaixo da bexiga e ao redor da uretra.

Pelo fato de o local sagrado estar escondido dentro do corpo dele, você não pode tocá-lo diretamente, mas pode estimulá-lo interna ou externamente. Certifique-se de que está com as unhas curtas, as mãos limpas e lubrificadas com óleo de massagem ou lubrificante antes de explorar o local sagrado do seu amado.

PASSO 1: Comece acariciando o pênis e o escroto, e então deslize seus dedos para o períneo. Explore toda a área, fazendo pressão com a ponta dos dedos. Peça ao seu amante que lhe diga quando os seus dedos atingirem um local de prazer – mais ou menos no meio do caminho entre o escroto e o ânus – então penetre nesta área, pressionando as pontas do indicador e do dedo médio firmemente para cima.

PASSO 2: Acaricie-lhe o pênis (ou peça que se masturbe) enquanto você pressiona o local sagrado. Essa combinação deve levá-lo a um intenso orgasmo.

PRAZER Interno

Esse deleite é mais íntimo, direto, e cria sensações mais intensas, pois envolve uma intimidade maior com o ânus e reto do parceiro. Mas os dois precisam se sentir à vontade com isso.

PASSO 1: Delicadamente, insira o dedo médio, lubrificado, no ânus do parceiro e deixe-o repousar no local enquanto seu parceiro relaxa os músculos – peça-lhe que respire profundamente conentrando-se no períneo e nas genitálias.

PASSO 2: Quando ele estiver pronto, aprofunde mais o dedo, e então curve-o e explore a parede frontal do reto. Procure uma área elevada ou de textura diferente do tecido ao redor.

PASSO 3: Quando achar o local certo, pressione-o firmemente com a ponta dos dedos, ou experimente pulsar ou friccionar. Pergunte a ele qual tipo de movimento é mais excitante. Combine isso com uma carícia peniana para dar ao parceiro um orgasmo explosivo.

POSIÇÃO DA COLHER

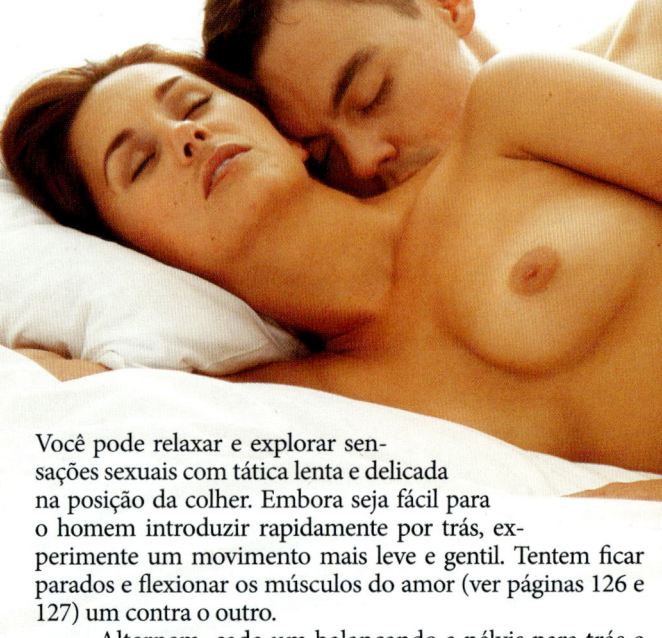

Você pode relaxar e explorar sensações sexuais com tática lenta e delicada na posição da colher. Embora seja fácil para o homem introduzir rapidamente por trás, experimente um movimento mais leve e gentil. Tentem ficar parados e flexionar os músculos do amor (ver páginas 126 e 127) um contra o outro.

    Alternem, cada um balançando a pélvis para trás e para a frente, e então experimentem balanços lentos simultâneos. Mesmo que você deseje uma estimulação genital forte e rápida, mantenha a suavidade e veja aonde ela leva. Se você se sentir extremamente excitado e perto

Mexam-se um contra o outro

do orgasmo, experimente essa técnica tântrica para ajudá-lo a durar mais tempo: concentre-se em alguma parte do corpo que você não considere erógena, como a barriga ou a garganta. Veja se consegue direcionar a excitação de sua genitália para esse local. Se puder, veja se consegue passá-la novamente para um segundo lugar.

O TOQUE TÂNTRICO

O LOCAL DA DEUSA

Essa massagem tântrica pode ajudá-la a desbloquear o prazer, produzindo benefícios em seu "local da deusa" (conhecido fora do Tantra como ponto G). Seu toque pode também conduzir a um orgasmo implosivo pelo corpo todo.

PASSO 1: Peça a ela que se deite, e então ponha uma almofada ou travesseiro embaixo dela para erguer a pélvis, permitindo que você tenha acesso mais fácil e preciso ao "local da deusa". Comece fazendo carícias na *yoni* da parceira (ver páginas 76 e 77). Quando ela estiver excitada, introduza um ou dois dedos dentro de sua vagina, até que a ponta dos dedos toquem a parede frontal (do lado da base da barriga dela). Curve um pouco os dedos como se estivesse chamando alguém em sua direção.

PASSO 2: Cuidadosamente, explore a parede frontal da vagina da parceira: procure um local que seja diferente do resto ao redor. Deve ser elevado ou enrugado, quase circular ou oval. Esse é o "local da deusa".

PASSO 3: Pressione delicadamente o "local da deusa" com a ponta dos dedos. Aumente a pressão aos poucos, utilizando-se do *feedback* de sua parceira como um guia para o que lhe agrada. Ela poderá se sentir desconfortável ou ter vontade de urinar, porém isso pode ser trabalhado, levando à descoberta de uma sensação profunda de erotismo que está além dos seus sentidos. Estimule-a a se concentrar na respiração.

PASSO 4: Experimente diferentes tipos de toques, como uma pressão forte e constante, rodeando ou acariciando. Fique atento à reação dela a cada técnica, para descobrir qual mais lhe agrada. E então, combine às suas carícias carinhos no clitóris. Se for difícil manter as mãos no ângulo correto, peça a ela que se masturbe enquanto você se concentra no "local da deusa".

Recebendo Prazer no PONTO G

Tornar-se receptiva à estimulação no "local da deusa" é uma coisa que requer prática. Se você não está familiarizada com isso, não espere esse tipo de massagem para obter a mesma sensação de prazer de um toque no clitóris. Pode levar tempo até você associar sensações no "local da deusa" à sua experiência erótica e se entregar a um prazer profundo.

A Deusa conhece o *Lingam*

Se você descobriu o "local da deusa" da parceira com as mãos, será capaz de localizá-lo com o pênis durante o ato sexual. Aponte o *lingam* em direção à parede frontal da vagina dela e mantenha-se na parte rasa. O contato não será tão exato como com os dedos, mas ela tem a satisfação emocional de ser penetrada por você.

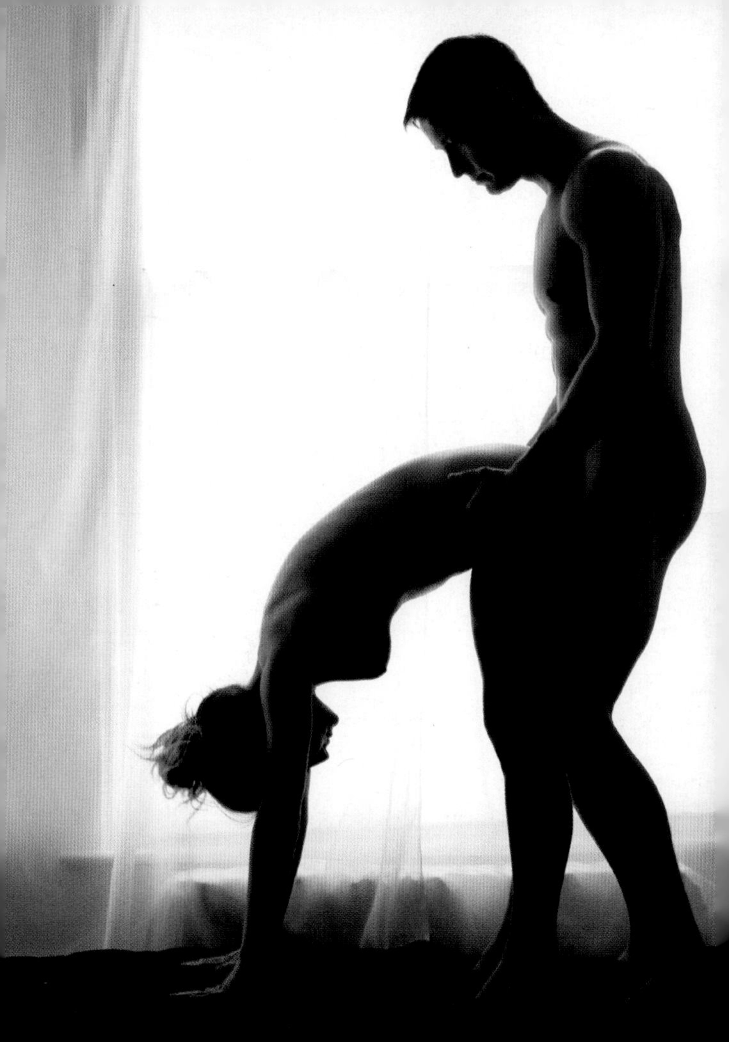

A DEUSA GLORIOSA

Embora o fato de ela estar curvada nessa posição erótica o convide a penetrá-la intensamente, tente uma exploração lenta e cautelosa. Pela posição dominante do homem, ele pode aproveitar a beleza do corpo da mulher e acariciá-la. Essa posição é perfeita para vocês se perderem em sentimentos de vulnerabilidade e dominação – explorem o objetivo tântrico de descobrir suas identidades eróticas masculina e feminina. Ela se curva a partir da cintura e repousa as mãos no chão enquanto ele a penetra. Se isso for difícil, ela pode alterar a posição colocando as mãos na beira da cama ou em outra peça de algum móvel próximo.

Sinta a emoção da paixão extrema

ELA: Enquanto o pênis dele estimula esse local, relaxe os músculos do amor (ver páginas 126 e 127) completamente – mesmo abaixada – para se sentir como que derretendo ao redor do pênis dele.

ELE: Se você ficar firme e flexionar os músculos do amor, sua glande irá pressionar o "local da deusa" dela (ver páginas 92 e 93).

SHAKTI POR CIMA

Seus corpos se juntam nesse vínculo íntimo. Como não podem fazer movimentos grandes ou rápidos nessa posição, ela é ideal para toques eróticos e meditação tântrica. Ponha alguma música sensual que ambos gostem e concentrem-se na música, deixando-a acentuar a ligação entre vocês dois. Certifiquem-se que seus corpos estão relaxados – inspirem simultaneamente e deixem a respiração dissolver qualquer área de tensão.

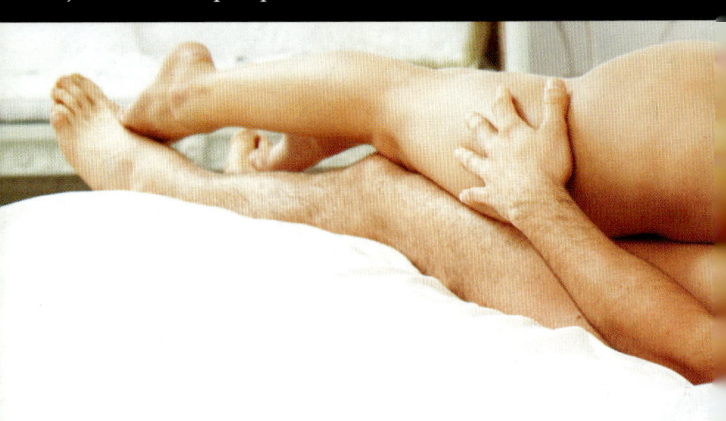

Deixe a felicidade se

Gradualmente, entrem em relaxamento profundo, visualizando suas mentes e corpos entrelaçados e fluindo.

Se essa meditação for difícil porque você se sente frustrado sexualmente e desestimulado e/ou não consegue relaxar, tente mesclar períodos de movimento com períodos de quietude. Por exemplo, ela pode se sentar ereta e mover-se vigorosamente, e então deitar e respirar ao mesmo tempo que ele, e assim por diante.

expandir pelo corpo

O TOQUE TÂNTRICO

TOQUE das três mãos para ele

A massagem das três mãos é uma técnica de toque tântrico concebido pelo terapeuta massagista Kenneth Ray Stubbs. Em vez de usar apenas as mãos, você tem uma ferramenta ou "mão extra" ao seu dispor: o pênis ou a vagina. Enquanto suas mãos massageiam o corpo do seu amor, seu pênis ou sua vagina também penetra ou envolve o outro. A seguir, aprenda como fazer a massagem das três mãos no homem:

PASSO 1: Deite-o de costas e peça que ele relaxe completamente.

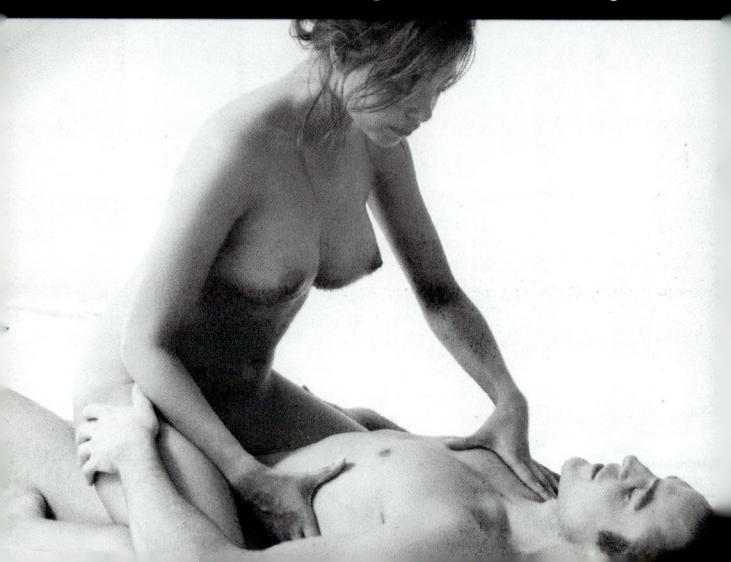

PASSO 2: Monte no corpo do parceiro e ponha as mãos planas e com óleo sobre o peito dele. Incline-se para a

frente e deslize as mãos em círculos por todo o peito, mamilos e ombros de seu amado. Faça movimentos fortes ou mais suaves dependendo do *feedback* dele. Deixe sua genitália roçar-lhe o pênis enquanto você se move.

PASSO 3: Quando sentir que ele está aquecido com seu toque, desloque seu peso para trás e comece a incluir o pênis e os testículos no toque. Em primeiro lugar, apenas esfregue-os suavemente com os dedos enquanto suas mãos deslizam para cima e para baixo. Provoque-o com toques suaves e dê maior atenção ao pênis, segurando-o entre as mãos e acariciando-o com suavidade (ver páginas 82 e 83).

PASSO 4: Volte-se para a frente sobre o corpo dele, subindo em sua cintura, massageando-lhe o peito com os seios. Deixe a ponta do pênis tocar sua vagina, e então, quando estiverem prontos, deslize ao longo do pênis para envolvê-lo completamente. Agora, massageie a parte frontal do corpo do parceiro com as mãos. Faça um movimento fluente em cada trabalho, com as mãos e sua *yoni* em harmonia.

Resista à vontade de acelerar os movimentos, ou mexa-se de uma forma que estimule mais você do que ele. Se ele perder a ereção, continue a massagem utilizando a vulva como "terceira mão" em vez da vagina.

PASSO 5: Deixe que ele escolha como a massagem deve terminar. Ofereça-se para proporcionar um orgasmo por meio do sexo ou da massagem manual, ou para deitar entrelaçada a ele.

CÃO AGACHADO

Nessa posição, em vez de se ajoelhar atrás dela para penetrar, ele se levanta com as pernas levemente flexionadas, fazendo um contato mais próximo que não é sempre encontrado na "posição do cachorrinho". Essa posição funciona melhor quando ambos têm mais ou menos a mesma altura e quando ele é bem dotado. Se ele encontrar dificuldade em adentrar o pênis ou manter a penetração, ela pode se curvar para a frente.

ELE: Em vez de fazer um sexo veloz, atrevido e intenso nessa posição, cubra-a com carinhos reverentes, faça movimentos lentos e suaves, e dê uma atenção generosa aos seios e à barriga da parceira. Percorra as mãos oleosas para cima e para baixo na parte frontal do corpo da parceira, em carícias suaves e deslizantes. Agore, belisque os mamilos dela com uma mão enquanto você acaricia-lhe o clitóris com a outra mão. Encoste e beije a pele sensível atrás da orelha dela.

SHAKTI AGACHADO

Ele se ajoelha e ela se abaixa para lhe tocar o *lingam* em um agachamento intenso, com os pés planos no chão ou na cama, um de cada lado do parceiro.

As partes frontais dos seus corpos (e chacras – ver páginas 28 e 29) estão alinhadas. Shakti agachado é uma posição vigorosa e dinâmica. Dependendo da força dos músculos das coxas dela, a mulher é livre para se movimentar para cima e para baixo no *lingam* dele, mais do que apenas balançar a pélvis.

Considere isso como uma sequência de posições (por exemplo, ela pode facilmente se deitar de costas enquanto ele fica por cima). Não planeje seus movimentos nem pare para dar instruções ou fazer pedidos – apenas confie nos seus impulsos corporais para guiá-los. Deixe o sexo se tornar espontâneo, uma dança fluente. Os dois estando no mesmo fluxo, é difícil dizer quem começa a se movimentar e quem responde ao movimento.

O CAMINHO TÂNTRICO

TOQUE das três mãos para ela

Uma massagem de três mãos (ver página 98) é um ótimo meio de levar sua amada ao apogeu de excitação sexual e sensualidade no corpo inteiro. Aqui, em cinco passos simples, descubra como um homem pode dar a uma mulher esse deleite sexual extremo:

PASSO 1: Deite-a de costas, ajoelhe-se entre as pernas dela e suavemente despeje óleo de massagem na parte frontal da parceira. Com as palmas das suas mãos, deslize e alise a barriga e os seios dela, incluindo os mamilos. Estenda suas carícias para os ombros, braços e laterais, pergunte-lhe se prefere que seu toque seja suave ou forte.

PASSO 2: Enquanto sua amada relaxa, deslize as mãos sobre a barriga, descendo-as até as coxas. Quando os dedos passarem pela genitálias dela, deixe-os provocar e desviar em direção à região púbica e à vulva. Toque-a suavemente na parte interna das coxas. Quando o momento parecer propício, comece a acariciar-lhe a *yoni* com a palma da mão e as pontas dos dedos. Não a deixe retribuir em nenhum momento – o objetivo é ela imergir às sensações que está desfrutando. Sussurre a palavra "relaxe" se sua amada tentar acariciar ou estimular você.

PASSO 3: Retome a carícia na parte frontal do corpo dela e deixe o pênis tocar-lhe a genitália, enquanto você se inclina sobre o corpo dela e lhe penetra naturalmente a vagina. Penetre-a lentamente – seu objetivo é mantê-la em um delicioso e sensual estado de relaxamento mais do que eletrizá-la com uma penetração forte e rápida.

PASSO 4: Mexa as mãos e o pênis em uníssono; todas as "três mãos" devem se mover em uma lenta e sensual união. As mãos lhe acariciam a barriga e os seios, enquanto o pênis a acaricia por dentro. Visualize a energia sexual fluindo para fora das suas "mãos" e entrando no corpo dela.

PASSO 5: Pergunte quando e como ela gostaria de atingir o clímax – ela quer que você continue dentro dela, fazendo massagem na *yoni* com as mãos, ou prefere apenas um abraço?

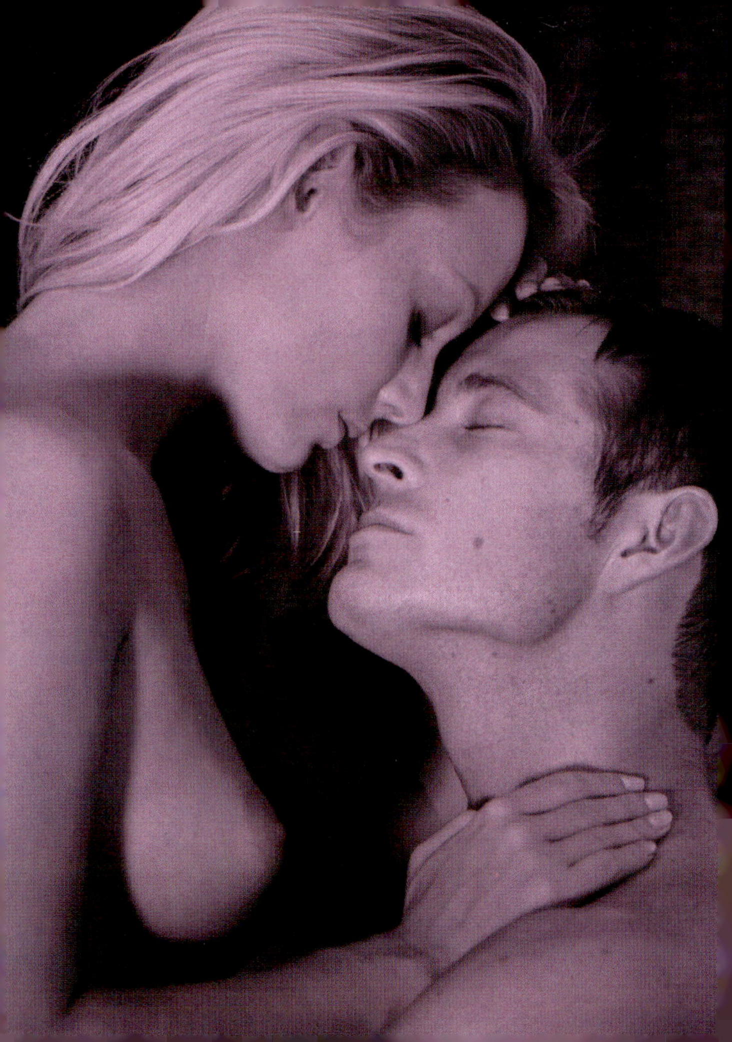

CAPÍTULO 3

TÉCNICA TÂNTRICA

RESPIRAÇÃO consciente

Esse adorável exercício de respiração deixa-o mais calmo e relaxado, trazendo-lhe paz ao corpo, além de ajudar você a desenvolver uma conexão íntima e sensual com a pessoa amada.

PASSO 1: Despido, sente-se em frente à sua amada. Feche os olhos e leve o tempo que precisar para se concentrar. Agora, com os olhos abertos ou fechados, observe sua própria respiração. Descreva-a para si mesmo. Por exemplo, está curta, hesitante ou rápida e urgente?

PASSO 2: Respire cada vez mais fundo, mas de forma lenta, até sentir a respiração no núcleo do seu corpo. Concentre-se em inspirar e expirar, e, se a mente divagar, traga-a de volta, mesmo que tenha de fazer isso a cada segundo. Concentre-se na respiração.

PASSO 3: Respire de maneira cada vez mais profunda, completa e satisfatória. Note cada sensação em seu corpo, como cada subida e descida da barriga. Imagine o ar lhe acariciando por dentro.

PASSO 4: Após dez minutos, volte a respirar normalmente. "Saia" de seu corpo e volte para a mente e os pensamentos – perceba a diferença entre os dois estados.

TROCANDO carícias

Depois de fazer o exercício de respiração, coloque a palma da mão no centro do peito da outra pessoa – esse é o local do chacra do coração (ver página 29).

- Concentre-se na sensação da mão do seu amado sobre seu peito. Sinta o calor e a pressão. Quando inspirar, mova o peito para a palma da mão dele – imagine como se esse ato devolvesse o calor e a pressão vindos de dentro de seu peito.

- Intensifique a respiração e imagine seu coração expandindo-se e abrindo-se para seu amante. Sinta o carinho físico no peito – como calor, sensação de formigamento ou ardor.

- Desfrute essas sensações e deixe a respiração amplificá-las, tornando-as mais poderosas e agradáveis a cada inspiração.

TÉCNICA TÂNTRICA

A VEREDA

Essa posição lenta e sensual pode lhe trazer enorme êxtase se você acessar sua energia sexual. O homem se deita e a mulher se senta sobre ele, com uma perna em cada lado da cintura dele. Então, ela se inclina para trás, apoiando-se sobre os braços, posicionando a cabeça entre os pés dele (isso significa que o *lingam* faz uma curva incomum, portanto tome cuidado). A mulher pode estender ou flexionar as pernas. Caso não consiga se estender para trás, pode se

Deleite-se na

apoiar sobre os cotovelos – fazer, enfim, o que lhe for mais confortável.

Uma vez na posição, faça o exercício da respiração chacra, que se encontra nas páginas 112 e 113, permitindo-se concentrar no fluxo de energia sexual percorrendo o corpo. Amplifique todo o calor e sensação de formigamento com o poder da sua respiração. Contraia os músculos do amor (ver páginas 126 e 127) e torne a experiência ainda mais interessante.

ligação sexual

TÉCNICA TÂNTRICA

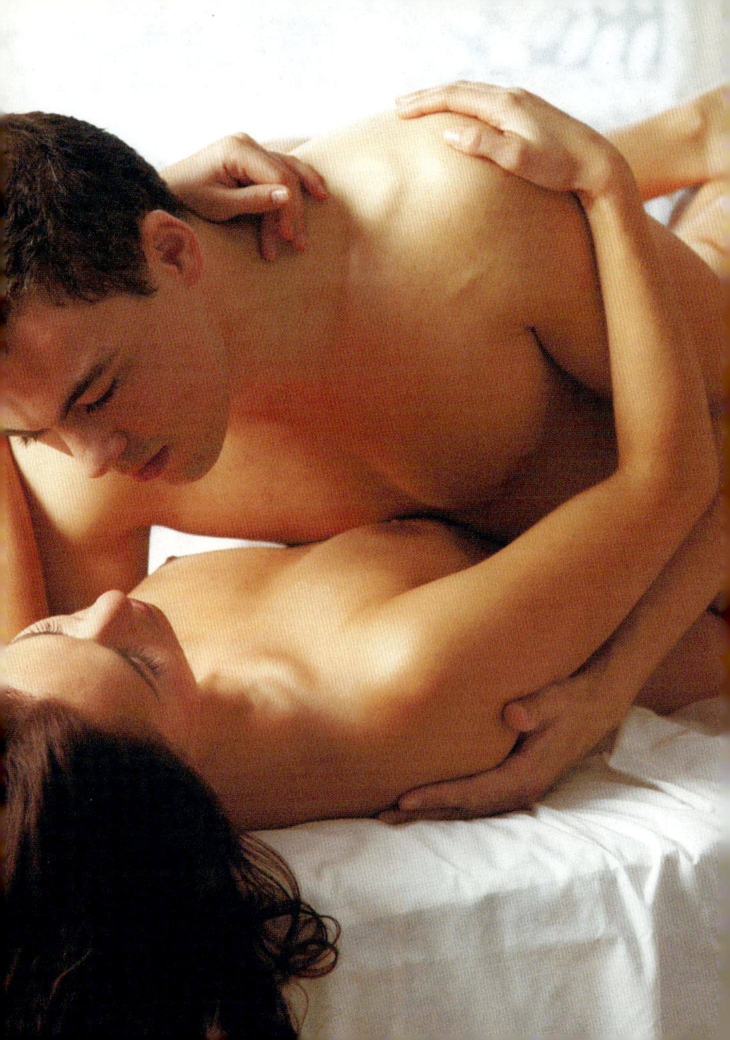

POSIÇÃO DE FUSÃO

No sexo tântrico, o objetivo é ambos se renderem um ao outro no toque de pele sobre pele, respiração com respiração, enquanto fazem amor. Na Posição de Fusão, vocês se entrelaçam intimamente e podem aproveitar uma profunda sensação de conexão. Ela o envolve o mais profundamente possível – atraindo-o para si não apenas com os braços e pernas, mas também com a *yoni*. Quando chegarem a um movimento cadenciado suave, sincronizem a respiração. Imaginem que estão se fundindo em um único ser, transformando sua percepção no fluxo de entrada e saída da respiração.

Não tenha pressa, não há por que atingir o orgasmo de forma veloz. Em vez disso, concentre-se no que está acontecendo no presente. Deleite-se a cada excitante sensação de inspirar e com cada movimento, e na intimidade de seus corpos nus pressionando-se um contra o outro.

Envolva-o profundamente

TÉCNICA TÂNTRICA

RESPIRAÇÃO chacra

Retroceda para seu refúgio erótico (ver páginas 40 e 41) com seu amor e experimente esse maravilhoso exercício de respiração tântrico. Comece verificando o mapa dos chacras na página 29, para sabe onde cada chacra está localizado.

PASSO 1: Beije e abrace como se fosse fazer amor, mas em vez de ir até o final, peça ao parceiro que se deite e feche os olhos (podem trocar os papéis na próxima sessão). Agora, use as mãos para acariciar a genitália dele. Peça que se concentre na sensação de excitação proveniente do órgão genital.

PASSO 2: Quando seu amor estiver totalmente excitado, pressione os dedos contra o períneo (área do chacra básico. Veja as páginas 28 e 29). Agora que ele está completamente rendido, seguirá todas as suas palavras. Leia o trecho a seguir para ele: "Respire e imagine que você está puxando o ar através do seu chacra básico – exatamente onde meus dedos estão. Quando expirar, imagine o ar fluindo de volta por esse lugar. Cada vez que você inalar o ar por meio do seu chacra básico, imagine a energia sexual se fortalecendo e tornando-se mais excitante. Sinta como se o calor começasse a queimar".

PASSO 3: Depois que seu parceiro tiver inspirado e expirado por meio do chacra básico por um minuto ou mais, mova a mão para cima com uma gentil carícia na barriga dela. Deixe a palma da mão repousar sobre o umbigo (local do chacra sacral) do parceiro. Diga: "Idealize um canal profundo que corre em uma linha estreita que vai do seu chacra básico até o chacra da coroa no topo da cabeça. Imagine que você pode puxar toda a sensação sexual da sua genitália por meio desse canal. Inspire pelo chacra básico e deixe a energia sexual percorrer o canal até o local onde minha mão repousa. Deixe o ar fluir de volta para baixo enquanto você expira".

Como muitas técnicas tântricas, esta pode levar tempo até a perfeição. Se essa é a primeira vez que você tenta a respiração chacra, pare no nível do chacra sacral e continue praticando o que aprendeu até então. Sinta-se confortável com a ideia de provocar sensações sexuais na sua genitália e elevá-las para a barriga. Quando chegar ao ponto em que elevar a energia sexual seja não só natural, mas também prazeroso e estimulante, repita os passos acima e tente também aumentar e diminuir a energia para os seus outros cinco chacras (ver página 29).

ELO RECLINÁVEL

Apesar de menos íntima, essa variação da clássica posição tântrica do Yab Yum (ver páginas 138 e 139) tem a vantagem de vocês poderem se sentar de frente um para o outro em apreciação do nu. Ele se senta com as pernas cruzadas (ou na Posição de Lótus, se tiver flexibilidade suficiente) e ela vai para cima, envolvendo as pernas ao redor da cintura dele. Em seguida, ambos se inclinam e apoiam o peso do corpo sobre as mãos.

     Render-se verdadeiramente ao seu parceiro é uma parte importante do Tantra. Utilize o Elo Reclinável para se livrar de suas inibições. Aproveite-se do fato de estarem de frente um para o outro e não poderem se esconder. Sem timidez ou embaraço, deixe o parceiro olhar para todas as partes do seu corpo. Aproveite sua própria sensualidade e observe com prazer todo o corpo nu do seu amado em uma apreciação sincera.

FLOR DE LÓTUS

A versão tântrica dessa posição sexual transposta encoraja uma relação mais lenta e harmoniosa. Diferente de algumas posições em que a mulher fica por cima e faz todos os movimentos, o homem desempenha um papel ativo. Os joelhos dele ficam dobrados para que ela recoste nas coxas do amado, que deixará a parte de cima do corpo elevada para poder lamber, mordiscar, beijar e acariciar. As mãos dele ficam livres para tocá-la.

ELA: Entre em sintonia com as sensações da sua genitália e da pélvis enquanto experimenta movimentos diferentes. Tente se inclinar sobre as coxas dele, relaxando o corpo e movimentando os quadris para trás e para a frente; ou tente se mover verticalmente para cima e para baixo sobre o pênis do parceiro. Outra alternativa é apenas envolvê-lo e fazer todos os seus movimentos internamente. Com as mãos, é fácil adicionar estimulações clitoriais sempre que desejar.

ELE: Certifique-se que está em uma posição confortável para se concentrar em dar e receber prazer. Mantenha os olhos abertos, assim poderá ver sua parceira movimentando-se em cima de você. Aprecie a visão do corpo e dos seios nus da parceira. Delicie-se com a expressão de prazer no rosto dela.

TÉCNICA TÂNTRICA

BALANÇO pélvico

Experimente esse exercício tântrico com a pessoa amada. Acostumado com o balanço pélvico, você pode praticá-lo durante o ato sexual. Ele vai ajudar a gerar e expandir a energia erótica por todo o seu corpo. O movimento repetitivo e ritmado também ajuda você e o parceiro a entrar em um estado meditativo durante o ato de amor.

PASSO 1: Ajoelhem-se ou fiquem em pé de frente um para o outro (de pé, deixe os joelhos levemente dobrados e os pés separados). Com a coluna reta e barriga relaxada, comece a balançar a pélvis para trás e para a frente (mas não para cima e para baixo). Não se preocupem em sincronizar os movimentos – apenas se concentrem em fazer o movimento correto nessa fase. Tente isolar a pélvis, de maneira que, enquanto você balança, o resto do corpo permanece parado; não deve haver nenhum movimento nas pernas, peito ou ombros.

PASSO 2: Mantenha um fluxo de movimento natural e cadenciado, e quando estiver pronto, comece a coordenar a respiração de acordo com o movimento: inspire enquanto balança a pélvis para a frente e expire enquanto ginga para trás. Novamente, não se preocupe com o que o parceiro está fazendo – apenas permita-se desfrutar perdidamente o ritmo do movimento.

PASSO 3: Mantenha essa combinação de respiração e movimentos por alguns minutos. Preste atenção a qualquer sensação no seu períneo, genitália ou pélvis – sentimentos de calor, de fusão ou formigamento. Concentre-se nessas sensações e permita que elas se expandam. Se preferir, adicione mais ações à respiração e ao movimento: aperte os músculos do amor do parceiro (ver páginas 126 e 127) em cada balanço para trás e solte-os em cada balanço para a frente.

PASSO 4: Quando sentir que é hora, estabeleça um contato visual com seu parceiro. Logo que ele retribuir o olhar, sincronizem os movimentos, inspirando e balançando para trás ao mesmo tempo, expirando e bançando para a frente da mesma forma. Novamente, o fluxo de movimento ritmado deve ser simples e natural. Deixem uma ligação profunda e sem palavras fluir entre vocês.

ENCAIXE DA MEIA

Ele tem tempo para realmente fazer amor com ela nessa posição e ela pode deitar-se e embeber-se de todos os prazeres sexuais. Além de ser uma posição altamente erótica, você pode também usar o Encaixe da Meia para uma massagem na *yoni* (ver páginas 76 e 77).

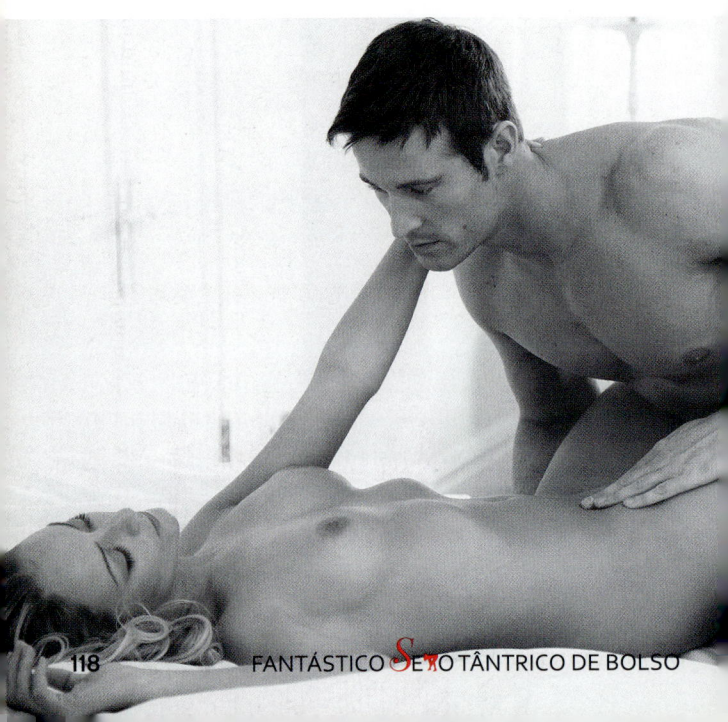

Faça a penetração rápida e espetacular

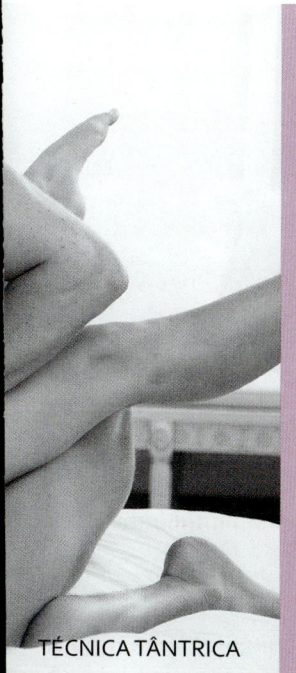

ELE: Depois de penetrá-la nessa posição, aproveite o fato de poder aumentar a excitação para ambos massageando a parceira com a ponta do pênis. Ponha um pouco de lubrificante na entrada da vagina, e então segure firmemente o pênis com as mãos e utilize a glande para espalhar o lubrificante sobre a genitália dela, como se estivesse pintando um quadro. Quando as coisas esquentarem, deslize a glande em movimentos circulares ao redor do clitóris dela, aumentando progressivamente a força e a velocidade. Quando finalmente a penetrar, a sensação será eletrizante.

DICA: Se quiser oferecer uma massagem na *yoni* nessa posição, ponha ponha várias almofadas ou travesseiros sob as costas dela, deixando-a livre para consentir completamente.

TORNEM-SE UM SÓ, ALMA COM ALMA

Sente-se defronte ao amante com a coluna reta e queixo encolhido. Respire **FUNDO** e encontre o olhar dele. Mantenham **CONTATO** visual por pelo menos cinco minutos. Deixe qualquer pensamento de natureza transitória se dissipar – trate-os como nuvens à **DERIVA** no céu. Perceba como eles se tornam menos importantes. Adentre uma **ÁREA** calma e **RELAXANTE** com seu **AMOR** – aproveite o clima apaixonado entre vocês.

HIPERORGASMO

Combine esse maravilhoso exercício de respiração tântrica com o ato de dar prazer a si próprio e você conhecerá o hiperorgasmo. Antes de tentar essa técnica, uma boa ideia seria praticar o exercício de respiração chacra (ver páginas 112 e 13) algumas vezes. Como você puxará a energia sexual para o seu chacra do coração, é bom estar familiarizado com a prática de sugar a energia sexual ao longo do canal central.

PASSO 1: Deite ou sente-se em uma posição confortável e comece a acariciar a genitália. Faça isso lentamente e experimente diferentes formas de toque. Concentre os pensamentos em sua fantasia sexual favorita. Provoque a si mesmo: afaste as mãos de vez em quando, explorando assim novas zonas de prazer.

PASSO 2: Quando se sentir extremamente excitado, comece a estimular sua genitália com cuidado, como se quisesse ter um orgasmo. Então, no último momento – um pouco antes de chegar lá –, tire as mãos da genitália e eleve a palma para o centro do corpo, no centro do peito (o local do chacra do coração – ver página 29). Ao mesmo tempo inspire rapidamente (encha os pulmões), e depois prenda a respiração e contraia seus músculos do amor (ver páginas 126 e 127) com firmeza. Perceba toda a intensidade de sensações sexuais calorosas movendo-se em uma linha reta da genitália até o coração.

PASSO 3: Segure a respiração e as contrações musculares tanto quanto se sentir confortável. Sinta o peito expandir com um formigamento caloroso (quanto mais você praticar esta técnica, mais forte será seu hiperosgasmo). Então, expire e relaxe seus músculos do amor. Ao mesmo tempo, arraste as mãos novamente do coração para a genitália, movendo toda a energia sexual nesse gesto. Experimente esse exercício algumas vezes antes de atingir um orgasmo poderoso, se assim desejar.

Tente o exercício do hiperorgasmo enquanto você estiver fazendo amor. O parceiro deverá dizer "pare" quando estiverem próximos do clímax. Nesse momento, ambos deverão parar de se mover.

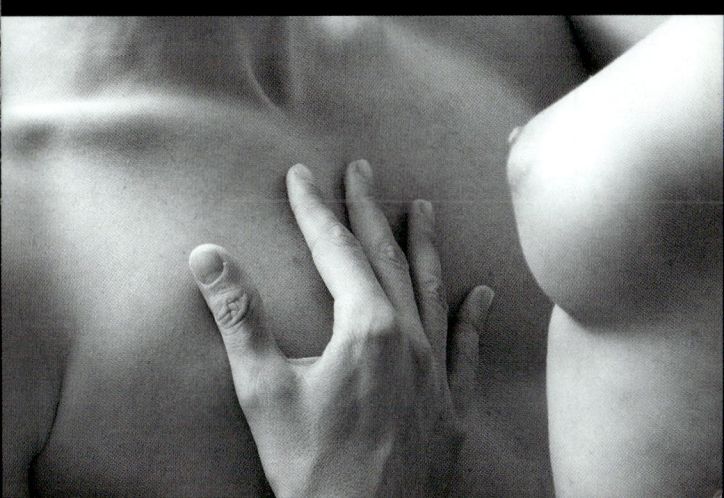

FANTÁSTICO Sexo TÂNTRICO DE BOLSO

UNIÃO COM APOIO

É uma ótima posição para desfrutar um sublime beijo tântrico enquanto ele se move dentro dela. Um beijo tântrico é simplesmente aquele em que você presencia cada sensação no momento em que ocorre. Você pode beijar de maneira lenta e deliberada, selvagem e voraz ou suave e sensual; porém, não se esqueça de ficar atento. Se a mente se distrair, puxe-a de volta – junto com seu amor – ao clima, tentando uma nova técnica de beijar. Por exemplo, chupe a ponta da língua do seu amor, mordisque e chupem os lábios um do outro, agitem as línguas, ou simplesmente repouse os lábios entreabertos sobre os lábios do seu amor. Feche os olhos e desfaleça.

Essa é uma versão facilitada da posição Entrelaçados (ver páginas 42 e 43): traz um *frisson* erótico de praticar sexo em pé, mas sem ele ter de suportar o peso dela. Ache uma superfície com altura certa – mesa, balcão da cozinha ou uma cômoda – e então assumam suas posições.

Puxe-o com força

TÉCNICA TÂNTRICA

MÚSCULOS do amor

Vocês podem realmente se conectar trabalhando os músculos do amor durante o ato sexual. Também conhecidos como "músculos do assoalho pélvico", estes exercem um importante papel no sexo tântrico – contraí-los e relaxá-los é uma técnica antiga que ajuda a criar energia sexual nas genitálias e expandi-la por todo o corpo.

PASSO 1: Localize o seu músculo do amor enquanto se deita de costas ou faz um agachamento profundo – eles são os mesmos que você aperta quando evita urinar. Quando estiver preparado, respire e contraia os músculos do amor. Tente contraí-los isoladamente (não tensione as nádegas nem os músculos abdominais).

PASSO 2: Conte até dez segurando a contração. Enquanto expira, solte os músculos completamente. Espere um momento dizendo "ahhhhh", se isso lhe ajudar a continuar.

PASSO 3: Pratique a contração do músculo do amor ao menos uma vez por dia por alguns minutos. Uma vez reforçado o seu músculo do amor, você pode usá-lo para estimular o parceiro no ato sexual.

A linguagem SECRETA

"Linguagem secreta" é um termo cunhado pelos professores Michaels e Johnson. Descreve o estilo tântrico de fazer amor no qual você utiliza os músculos do amor para estimular o outro de várias formas.

Para dominar a linguagem secreta, trabalhe contraindo e relaxando seu músculo do amor todos os dias. À medida que ficar mais fácil, torne o exercício mais complexo – tente também pulsar e tremer esse músculo.

Quando aperfeiçoar o controle do músculo do amor, tente praticar o sexo sem o movimento convencional de penetração do pênis na vagina e estimulem-se um ao outro com movimentos internos. O homem sentirá as contrações do músculo dela como uma pressão ao longo do pênis. A mulher sentirár as contrações do músculo dele como uma pressão contra a parede vaginal.

Revese na "conversa" (como uma conversa, mesmo, entre os seus músculos). Por exemplo: ele faz três pulsações rápidas e três lentas; então ela responde da mesma forma. Divirta-se com diferentes velocidades e ritmos. Façam disso um jogo divertido e engraçado para provocar e estimular um ao outro.

ADERÊNCIA DA COXA

Como agora vocês não estão se olhado nos olhos, "conversem" por meio da linguagem secreta (ver página 127) usando os músculos do amor. Isso irá ajudá-los a ficar em contato e manter-se estimulados. Ela fica por cima de costas para ele e ele flexiona os joelhos para envolvê-la entre as coxas.

ELA: Sente-se verticalmente com a coluna reta; feche os olhos e se concentre no fluxo e refluxo de sua respiração. Respire fundo e longamente várias vezes até a respiração descer à genitália.

ELE: Respire ao mesmo tempo em que ela e esfregue as mãos na parte de cima ao longo da coluna da parceira enquanto ela expira, e para baixo quando ela inspira.

OCEANO DE PRAZER

Essa posição sexual é um tratamento tântrico para os olhos. Vocês não poderão se ver, no entanto podem inclinar as cabeças para enxergar um "selo erótico" entre seus corpos. Oceano de Prazer é também uma excelente Massagem de Três Mãos (ver páginas 102 e 103). A mulher relaxa enquanto se inclina para a frente utilizando as pernas do homem como suporte. Ele, enquanto isso, pode flexionar o pênis dentro dela enquanto lhe massageia as costas.

ELE: Esfregue um óleo de massagem morno sobre as costas da parceira, e agora tente uma variação de movimentos com as mãos: acariciando com as palmas, desenhando com a ponta dos dedos em uma linha firme em cada lado da coluna dela. Toque suave e lentamente. Varie de esfregadas firmes a delicadas.

BRINCADEIRA do óleo

Se quiser uma combinação de uma brincadeira sensual, sexo e massagem, nada é melhor do que esse deslize de óleo. Deixem seus corpos lisos com óleo, e agora deslizem-se um contra o outro, em glorioso abandono. Revezem para passar óleo por todo o corpo um do outro.

Façam isso da forma que acharem melhor: como uma brincadeira, montada sobre seu parceiro e borrifando-o; com sensualidade, espalhando o óleo sobre a pele dele com as mãos, ou de maneira provocante, pingando o óleo nas áreas erógenas. Não deixe nenhuma parte intocada – nem mesmo o cabelo e o couro cabeludo. Peça ao parceiro que se deite de costas e, quando corpo dele estiver coberto de óleo, ajoelhe-se entre as pernas dele e deslize para cima.

Cuidado – Por conta do óleo, a pele oferece uma aderência muito baixa, e você pode deslizar muito rápido sobre o corpo do parceiro. Para evitar solavancos e contusões, apoie-se com as mãos.

MASSAGEM pele com pele

Utilize seu corpo inteiro como uma ferramenta de massagem; use o máximo de criatividade. Crie um cronograma para receber e dar:

- Esfregue a cabeça oleosa contra a genitália da pessoa amada;
- Deslize para cima e para baixo em frente a ela;
- Monte sobre ela e então deslize pelas coxas;
- Role sobre seu amado e deslize os seios sobre as nádegas dele;
- Passe os pés na parte de trás das coxas dele enquanto senta entre seus pés;
- Mergulhe ao longo do corpo dele, começando pelos pés e depois, novamente, pela cabeça;
- Mexa-se em cima dele e se deixe deslizar até o chão.
- Agora deslizem em uníssono. Esqueçam o fato de que isso começou como uma massagem e entrem em um jogo hedonista. Vejam-se como um casal de corpos deslizantes, divertindo-se, caindo e brincando. Banhem-se de óleo para manter seus corpos lisos o quanto for possível.

Nesse ponto já é fácil começar a fazer amor, mas provoquem-se o quanto puderem até se renderem. Ou comecem e parem; ou apenas usem a penetração algumas vezes. Veja até onde seus movimentos os levam.

TÉCNICA TÂNTRICA

INCENDEIEM-SE COM ENERGIA SEXUAL

Experimente essa **MARAVILHOSA** técnica de respiração boca a boca para realmente alimentar o fogo do ato **SEXUAL**. Enquanto estiverem na posição Yab Yum (ver páginas 138 e 139), aproximem-se pela boca e **FORMEM** um selo com os lábios. Agora inspirem e expirem **DIRETAMENTE**, um dentro da boca do outro, compartilhando a mesma **RESPIRAÇÃO**. Concentrem-se totalmente no fluxo e refluxo da respiração – **TENTEM** se entregar a isso.

POSIÇÃO DE LÓTUS

A posição compacta do corpo dela dá uma sensação completamente sensual para ambos. Para chegar a essa posição, ela começa sentado, na Posição de Lótus (caso não consiga dobrar as pernas, pode cruzá-las), e então se deita de costas e puxa os joelhos para perto da barriga. Ele se ajoelha e a penetra profundamente.

ELA: A deliciosa sensação de alongamento que você sentirá nas coxas e virilha pode fazer desta uma posição poderosa. Embora suas pernas estejam fortemente ligadas, experimente se entregar a uma sensação de suavidade e abertura em todo o corpo.

ELE: Enquanto você se movimenta dentro de sua amada, experimente a prática tântrica de se concentrar nos mínimos detalhes do ato sexual. Por exemplo, a forma como a *yoni* dela aperta o seu *lingam*, o modo como a sua respiração entra e sai do corpo ou as sensaçõess que lhe percorrem as nádegas e o escroto.

MEDITAÇÃO DA LAGOA DE LÓTUS

Antes de fazer amor, segurem-se e sincronizem a respiração, enquanto se aquecem em um estado de paz e união. Imaginem-se como que deitados em almofadas macias no fundo de um barco de madeira, em uma noite calorosa e perfumada, e o barco está flutuando no meio da lagoa de lótus, sendo balançado por pequenas ondas. Ao redor do barco há centenas de lindas flores de lótus brancas. O céu está iluminado pela pálida luz da lua e pelo brilho das estrelas. Enquanto você visualiza cssa cena, mantenha a respiração profunda e relaxante. Adormeça, se tiver vontade.

Sinta todo o erotismo do montar

TÉCNICA TÂNTRICA

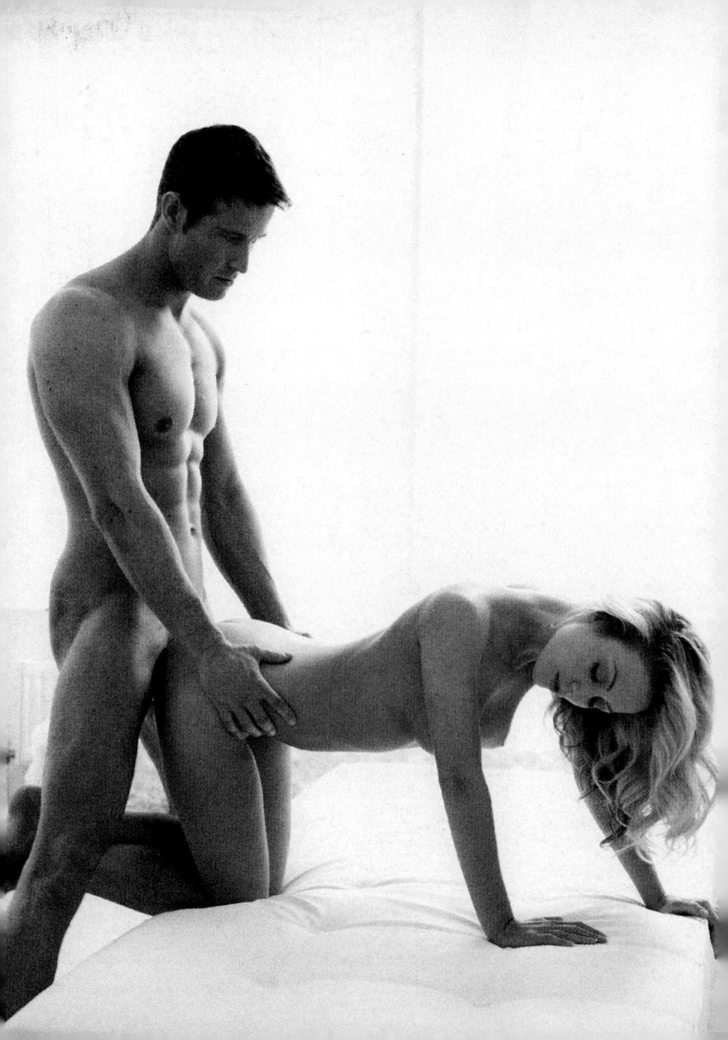

CACHORRINHO DE PÉ

É erótico e imediato – ele a pega por trás enquanto ela repousa de quatro. Ele aproveita a sensação de penetrá-la profundamente e ela experimenta o êxtase do pênis do amante contra o "local da deusa" (ver páginas 92 e 93).

Use essa posição para observar o que acontece com seus corpos e respiração quando vocês se abandonam em um rápido impulso. Familiarizando-se com suas respostas a uma intensa fricção genital, vocês estarão mais preparados para atrasar o orgasmo quando quiserem. Enquanto se aproximam do "ponto sem volta", observem se seguram a respiração ou se estão ofegantes. Sua respiração é profunda, ofegante, rápida ou superficial? Os músculos se contraem? Quais? Na próxima vez em que tiverem relações sexuais nessa posição (ou qualquer outra que possua movimentos rápidos e orgásmicos), façam um esforço consciente para respirar de um modo diferente. Por exemplo: se você costuma prender a respiração, tente respirar lenta e profundamente no orgasmo.

Sinta o prazer de um desejo espontâneo

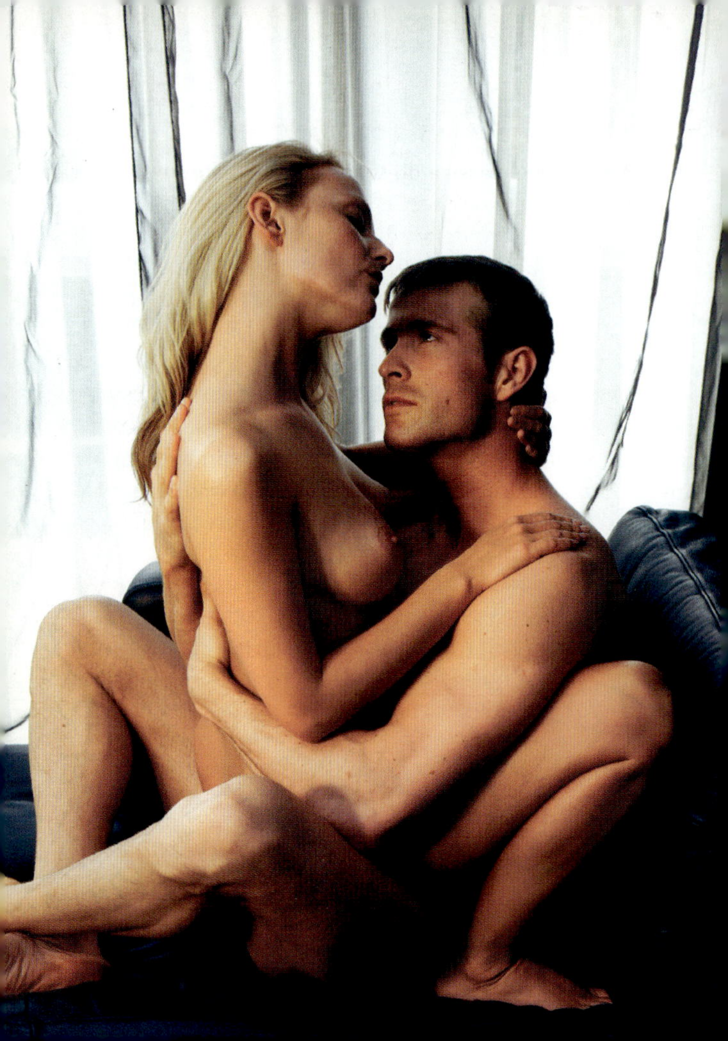

YAB YUM

Essa é a posição clássica do sexo tântrico. Yab Yum significa "posição do pai e da mãe" e a postura significa a união divina do homem e da mulher. É uma posição calorosa e íntima face a face, em que os corpos estão juntos e intimamente pressionados. Yab Yum é uma posição ideal para os dois contemplarem os olhos um do outro e praticar técnicas de respiração tântrica.

Para realizá-la, ele se senta com as pernas cruzadas. Ela monta sobre ele de modo que os rostos se aproximam, e apoia os pés no chão. Nenhum dos dois pode se mover livremente, mas isso facilita a concentração em sensações internas e no fluxo da energia sexual dentro de seus corpos.

Vocês podem criar energia sexual nessa posição balançando a pélvis para que o pênis roce o clitóris e se mova levemente para dentro e para fora da vagina da parceira. Amplifique as sensações utilizando a respiração como uma ferramenta.

Unam-se e se tornem um

TÉCNICA TÂNTRICA

Servo ERÓTICO

Um de vocês é o servo e o outro será o buscador de prazer nesse jogo altamente erótico. E poderão trocar de posição. Nos termos tântricos, a proposta é explorar o homem interior (seu aspecto *Yang*) e a mulher interior (seu aspecto *Yin*).

Embora o jogo do servo erótico tenha elementos em comum com o jogo de mestre e escravo, eles não são a mesma coisa. Seu objetivo não é um jogo de poder, mas sim abrir-se para os mais profundos desejos ocultos e descobrir o prazer de doar, nutrir e honrar.

BUSCANDO prazer

Se você estiver em um jogo de buscador de prazer *Yang*, seu trabalho é se ligar em seus desejos sexuais, românticos, sensuais, e pedir ao seu amor que os realize. Lembre-se, você pode pedir qualquer coisa que queira, não importa o quanto embaraçoso ou chocante (seu parceiro pode sempre dizer "não" se você pedir algo que ele não possa dar). Aqui vão alguns exemplos do que você pode pedir:

- Faça-me uma massagem no corpo inteiro e depois faça amor comigo.
- Use algum brinquedo erótico comigo.
- Tome um longo banho erótico comigo.
- Fale safadezas comigo durante o sexo.
- Olhe nos meus olhos sem parar.

- Salive champanhe da sua boca para a minha.
- Amarre meus pulsos e me bata com delicadeza.
- Venere-me com o seu corpo.
- Faça-me elogios enquanto fazemos amor.
- Beije-me sem parar.
- Massageie-me com seus seios.
- Faça amor comigo sobre a mesa.

Enquanto seu amor concede-lhe desejos, permita-se tomar pelo prazer. Partilhe com o seu servo erótico seus gemidos de prazer.

Servindo prazer

Se você estiver jogando de servo erótico, saboreie a oportunidade de doar sem interesses. Se houver algum ato que você sente que não pode fazer, seja sincero, mas tente dizer isso com compaixão. E então, devote-se a fazer todo o resto, de todo o coração. Descubra que doar pode ser igual ou mais erótico do que receber.

POSIÇÃO SERENA

Experimente a completa serenidade e singularidade nessa posição sensual e lenta. Ele senta com as pernas para a frente e ela se põe sobre ele. Fiquem confortáveis e permaneçam um pouco nessa posição (ele pode repousar as costas inclinando-se em um amontoado de travesseiros).

Após o homem ter penetrado a parceira, vocês podem estimular um ao outro utilizando os músculos do amor (ver páginas 126 e 127) enquanto se beijam apaixonadamente. Faça disso um longo e profundo beijo de língua. Muitos casais passam horas se beijando quando estão apaixonados, mas se esquecem disso com o tempo. Imagine que você nunca beijou seu parceiro antes – essa é uma oportunidade de prová-lo, cheirá-lo e explorar-lhe a boca com os seus lábios e língua. Perca-se na maciez do toque dos lábios e na proposta de fundir sensações com as línguas.

ABRAÇO CIRCUNDADO

Essa posição é perfeita para praticar a arte tântrica de deixar a excitação aumentar e diminuir. Alterne períodos de movimentos sexuais com períodos de beijos e abraços sensuais. Ela põe as pernas ao redor do corpo dele e junta os pés.

ELA: Nas fases mais serenas, puxe o rosto do seu parceiro contra o seu para um beijo passional; penetre fundo com a língua.

ELE: Em vez dos movimentos fortes de penetração, típicos de posições em que o homem fica por cima; vá devagar. Mova-se suavemente dentro da sua parceira, mas sem a intenção de ejacular. Experimente se deitar completamente imóvel sobre ela. Use esse momento sereno para entrar em sintonia com a parceira – observe o rosto dela, ouça os sons que ela emite e sinta os movimentos pequenos e sutis do corpo dela sob o seu. Se a ereção desaparecer, não se preocupe – acredite, ela voltará.

TÉCNICA TÂNTRICA

ABANDONE OS SENTIDOS E PERCA O CONTROLE

O mestre espiritual Osho sugeriu que os parceiros devem **EXPERIMENTAR PERDER O CONTROLE** durante o ato sexual. Faça isso em um lugar onde você tenha muito espaço para explorar sensações **INTENSAS.** Deixe seus movimentos se tornarem cada vez mais **SELVAGENS** e irrestritos. Contorçam-se um contra o outro. Deslizem em diferentes posições. Permitam-se colidir e sintam o prazer percorrendo seus corpos.

ÍNDICE REMISSIVO

A

Abraço circundado 143
Abraço Sentado 63
água 54, 55

B

balanço pélvico 75, 116
boca a boca 133

C

Cão agachado 100
carícia 14, 89, 103, 113
carícias 79, 82, 92, 93, 100, 102, 107
chacra básico 28, 70, 112, 113
chacra da coroa 113
chacra do coração 29, 76, 107, 122
chacra sacral 28, 29, 78, 113
consciência 21, 28

D

Dança do ventre 33
Deusa Gloriosa 95

E

Elo reclinável 114
Encaixe da meia 118
Entrelaçados 43, 125
erótico 18, 19, 39, 47, 67, 68, 71, 112, 125, 129, 137, 140, 141
Essência feminina 78, 85

F

Flor de lótus 115

G

Gesto do Namastê 22

H

homem interior 140

K

Kali 8, 11, 27
Kenneth Ray Stubbs 98

L

lingam 35, 39, 44, 45, 50, 63, 70, 78, 82, 83, 85, 93, 101, 108, 135
linguagem secreta 34, 127, 128
local da deusa 50, 51, 63, 80, 92, 93, 95, 137
local sagrado 88

M

mapa 29, 112
massagem 19, 25, 49, 51, 54, 55, 61, 68, 69, 76, 82, 88, 92, 93, 98, 99, 102, 103, 118, 119, 129, 130, 131, 140
Montando 31
mulher interior 140
músculos do amor 53, 67, 70, 75, 81, 83, 90, 95, 109, 117, 122, 123, 126, 127, 128, 142

O

Oceano de prazer 129
óleo 36, 54, 61, 82, 83, 88, 98, 102, 129, 130, 131
olfato 36
orgasmo 14, 18, 47, 78, 88, 89, 91, 92, 99, 111, 122, 123, 137

P

paladar 36
pele com pele 72, 131
Pernas cruzadas 34
ponta dos dedos 14, 33, 68, 76, 77, 88, 89, 92, 129
ponto G 88, 92
ponto P 83, 88
Posição apertada 65
Posição da Colher 90
Posição da escalada 57
Posição de fusão 111
Posição de Kali 27
Posição do Cachorrinho 51
Posição do elefante 44
Posição penetrante 71
Posição serena 142
Posto sagrado 39

R

respiração 14, 19, 22, 50, 51, 53, 71, 72, 75, 79, 86, 93, 96, 106, 107, 109, 111, 112, 113, 116, 117, 122, 123, 128, 133, 135, 137, 139
respirando 67, 68

S

Shakti 10, 11, 43, 96, 101

Shakti agachado 101
Shiva 10, 11, 27, 43, 72
Subida da serpente 80

T

Tesouras 75
Tigre faminto 50
troca de olhares 65

U

união 11, 17, 19, 28, 43, 70, 103, 135, 139
União apaixonada 17
União íntima 78

V

vereda 108
visão 36, 115

Y

Yab Yum 114, 133, 139
Yantra montado 18
yoni 39, 44, 45, 47, 76, 77, 92, 99, 103, 111, 118, 119, 135

Leitura Recomendada

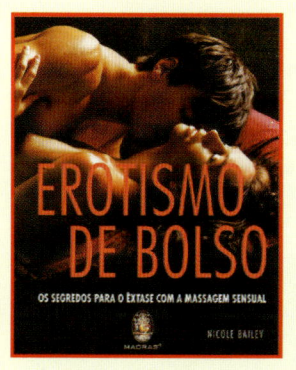

Erotismo de bolso
os segredos para o êxtase com a massagem sensual
Nicole Bailey

Vibre com os três níveis de êxtase – quente, muito quente e picante
Quente... Desperte seu corpo com técnicas que o fará querer mais.
Muito quente... Mergulhe fundo para descobrir as zonas certas de prazer para aumentar o calor.

O Guia completo do Sexo Tântrico
Dra. Judy Kuriansky

Você está preparado(a) para novas possibilidades no amor? Quer conquistar mais energia para sua relação amorosa? Então está preparado(a) para descobrir o que este livro lhe reserva.

www.madras.com.br

Leitura Recomendada

O Pequeno livro do Kama Kutra
Ann Summers

O Kama Sutra é o manual sexual original, e esta atualização sexy lhe contará todos aqueles segredos de que você precisa saber para ter bons momentos na cama (e fora dela!).

Livro de Bolso do Kama Sutra
Segredos Eróticos para Amantes Modernos
Nicole Bailey

Nicole Bailey, escritora especialista em saúde, psicologia e relacionamentos, inspirou-se nos textos dos clássicos orientais Kama Sutra, Ananga Ranga e O Jardim Perfumado, para reunir nesta obra os mais potentes.

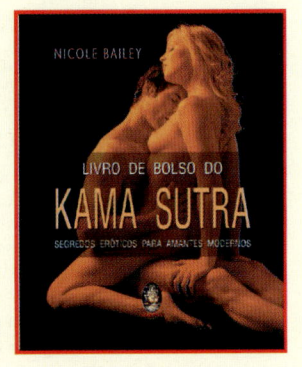

www.madras.com.br

Leitura Recomendada

Sexo Fantástico do Kama Sutra de Bolso
Nicole Bailey

Sexo Fantástico do kama Sutra de Bolso 52 Posições Ardentes. Dicas na Medida Certa para o Prazer na Cama. Instigue, Excite e Eletrize seu Parceiro.

Sexo Fantástico em 28 Dias
Uma Transformação Completa na Vida Sexual

Anne Hooper

Estar fora de forma e acima do peso não significa necessariamente que seu desejo sexual deva ficar alterado. Em Sexo Fantástico em 28 Dias você aprenderá a mesclar dieta e apetite sexual e ficará surpreso com os resultados obtidos dia a dia com as dicas de Anne Hooper, a terapeuta sexual mais vendida no mundo!

www.madras.com.br

Este livro foi composto em Times New Roman, corpo 10/12.
Papel Offset 75g
Impressão e Acabamento
Atrativa Indústria Gráfica Ltda — Rua Cabo Romeu Casagrande, 277
— Parque Novo Mundo/São Paulo/SP
CEP 02180-060 — Tel./Fax: (011) 2632-663